短期間で飛躍的に話せるようになる!

英語リプロダクショントレーニング

English Reproduction Training

小倉慶郎

JN237256

＊付属CDはオーディオ機器での使用を前提としています。そのため、パソコンのCD-ROMドライブなどでは、場合により再生・取り込みなどができないことがありますが、ご了承ください。

はじめに

今までにないアウトプット型教材

私は、通訳訓練法をやさしくアレンジした参考書を今までに出版してきました。『高速マスター英単語』（DHC）、『東大英語長文が５分で読めるようになる』シリーズ（語学春秋社）などです。まじめに取り組んだ読者のみなさんには大変好評で、感謝のお手紙も数多く寄せられています。これらの本は、通訳訓練法をもとに、英語の初・中級者でも実用的な英語力がつくように作成したものです。**本書は、これらの本を一歩前進させ「アウトプット型」（英語を話すことに特化）にしたもので、英語を話せない人の特効薬になることを期待しています。**

本書の練習法は、私が勤務する大阪府立大学の１年生の英語授業がベースになっており、すでに効果は確認済みです。本書のSTEP１～３までの練習をやり終えると、STEP４で「イラストを見ながら英語で説明する」という難易度の高いタスクが誰にでもできるようになります。このSTEP１～４までの練習を、本書ではリプロダクション（再生作業）と呼びます（注：通訳学校では「リプロダクション」はリピーティングとほぼ同じ意味で使われています）。順を追って勉強すれば、みなさんの英語を話す力が飛躍的に向上すると確信しています。

潜在的な英語力をアクティブに転換する

本書が対象にするのは、日本の中学校・高校で英語を学んだ人たちです。ということは本書を手に取った人すべてといってもよいでしょう。中学を卒業したばかりの人でもやる気次第で、十分に取り組めます。８ページからの「本書の学習をはじめる前に」で詳しく説明しますが、日本の学校で身につけた英語力（語彙・文法・構文や翻訳力）は、一見「英語を話す」のには役立たないように見えます。しかし、それらは**潜在的な英語力としてみなさんの中に蓄積されているのです。その力を活性化させれば、極めて短期間で英語を話せるようになるという理屈です。**仕掛けは極めてシンプル。通訳訓練法を使って、みなさんがすでに身につけている力をアクティブに転換すればいいのです。「中学・高校で６年間も英語を勉強したのに話せない！」という英語コンプレックスは、本書の勉強法を実践すればかなりの程度まで解消されるはずです。

20年間の授業の集大成

私は、30歳を目前に通訳スクールで勉強し、プロ通訳者になった経歴があります。通訳スクールというとかなりの上級者を対象にしているというイメージがあります。事実、受講者のレベルは高く、訓練も厳しいものです。しかし、その厳しい訓練の中で気が付いたことがあります。通訳トレーニングを受けた人は、留学をしなくてもかなり流暢な英会話力が身についている、という事実です。私も留学せず、通訳トレーニングによって英語が話せるようになった一人です。過去20年間、このトレーニング法をなんとか英語の初・中級者にも応用できないかと考え、少しずつ大学の授業に改良を加えてきました。そして現在では、高校1・2年生程度の英語のベースさえあれば、誰でも英語を話せるようになる、という授業をすることができるようになりました。その授業の集大成が本書なのです。

通訳訓練法を使った学習法の最大の利点は、何よりも「ひとりで勉強できる」ということにあります。ネイティブの英語教師に習わなくても、海外留学しなくても、独学で、かなりの程度まで「話せる英語」を身につけることができるのです。英会話学校へすでに通っている人は、本書を併用すれば、スピーキング力が加速し長年の壁を打ち破れるはずです。留学を目指している人は、事前に本書で勉強していけば、それほど現地で話すのに困ることはなくなるでしょう。また、ビジネスで英語が必要な人も、現在すでにやっている英語学習と本書を併用すれば、話す力がいっそう強化されるはずです。

1日30分間英語を話し続けるには…

ここで、ずばり英語を話せるようになる最低の練習量をお話ししておきましょう。

英語を話す力を劇的に向上させるには、1日に最低30分は英語を話す訓練をしなければなりません。といっても、たとえ英語国へ行っても、努力しなければ1日30分間英語だけで話す時間を取ることは困難です。まして日本で、1日に30分間連続で英語を話す練習をすることは、大多数の学習者にとって不可能といってよいでしょう。しかし、**このテキストを使って１日30分練習すれば、30分間ずっと、英語を話す効果的なトレーニングができます。なぜなら本書のStep１～４の練習は、すべてひたすら口を動かすトレーニングのみだからです。**もちろん、１時間練習すれば、１時間の効果的な話す訓練ができるわけです。本書で練習すれば、飛躍的に練習量が増えるので、飛躍的に話せるようになるのは当たり前。筆者はそう考えています。

本書を上手に活用して、みなさんの英語を話す力が飛躍的に伸びることを期待しています。

最後になりましたが、素晴らしい英文トランスクリプトを書いてくれたナディア・マケックニーさん、オシャレなイラストを描いてくれたHACHHさん、そして本書をまとめてくれたDHC文化事業部・編集者の宮川奈美さんに感謝の言葉を捧げます。

2011年４月吉日　小倉　慶郎

CONTENTS もくじ

本書の学習をはじめる前に

なぜ日本人は英語を話せないのか？

「日本人は中学・高校で６年間も勉強しているのに、英語を話せないじゃないか」。こういう批判をよく聞きます。**難しい英文でも、時間をかければ辞書を引いて意味をだいたい理解できる。なのに、英語で簡単なコミュニケーションすら取れない――**。これが、日本の学校で英語を勉強してきた人の、平均的な英語力でしょう。そしてこの状況を仕方がない、と思っている人が多いようです。「留学しなければ英会話なんてできない」。英語の専門家のなかには、「日本語と英語では、言語的に距離がある。文化も語彙も文法も違いすぎるから、習得が難しいのは仕方がない」、「中学・高校の英語学習時間が少なすぎるから無理なんだ」とまで言う方もいます。これは本当なのでしょうか。私の知る限り、世界中どこを見まわしても、こうした不思議な状況が見られるのは日本だけです。なぜ日本では、中学・高校の６年間英語を勉強しても、英語が話せるようにならないのでしょうか。

日本人には英語の習得が難しいという説

「日本語と英語は言語的・文化的に距離があるので英語の習得は難しい」。これは本当でしょうか。

英語を母語としないヨーロッパ人が、英語を習得しやすいことは言うまでもありません。なぜなら、ヨーロッパの言語は互いに親戚関係にあるからです。同じロマンス語系の言語を使うポルトガル人とスペイン人は、なんとお互いの言語で話しても意思を通じ合うことができます。言語は違っても、近い親戚関係にあれば、日本で方言が違う程度の感覚で通じるのです。たとえば日本で、東北が地元のおじさんと、九州が地元のおばさんがお互いの方言で話し合ったら、どうなるでしょう。わかりにくいところはあるにせよ、なんとか通じる、そんな感じです。厳密にいうと「方言」と「言語」は別物なので誤解してほしくはないのですが、「感覚」としてはかなり近いことは間違いありません。また、アジア域内を見回すと、インド・マレーシア・シンガポール・香港・フィリピンなど元イギリス・アメリカの植民地であったところは、今でも日常生活で英語が使われています。当然、英語習得面では断然有利です。

こうしたことを考えると、やはり「日本人が英語を習得するのは難しい」となるのかもしれません。少なくとも話し言葉としての英語を学ぶ条件としてはかなり厳しい、と考えるのも無理はありません。

日本の外国語学習の伝統

日本は、島国で四方を海で囲まれています。しかしハワイ諸島のように大陸からずっと離れた太平洋上にあるわけではありません。また、イギリスほど大陸とは近くありません。この微妙な位置が、日本の外国文化の受容、そして外国語学習に決定的な影響を及ぼしたようです。日本列島では、昔から、大文明の知識は海の向こうからやってきました。海外の偉大な知識を吸収するには、外国語を学ばなければなりません。といっても、“生きた言語”として話せる必要はありません。正確に読めればそれで十分でした。その状況の中で古代から近世にかけて発達したのが、「漢文の訓読」です。漢文は当時の東アジアを代表する知識の宝庫でした。漢文を読みこなせることこそ、世界の知識を手にできることだったのです。しかし、漢文を生み出した国の言葉を話せる必要性はありませんでした。そのため、漢文のもつ知識を、翻訳を通して吸収する方法が高度に発達したのです。漢文とは古典中国語の文章語のことですが、私たちが読むとき、一切中国語の発音はしませんね。いきなり日本語に訳して読んでいきます。例を挙げましょう。

子曰、學而時習之、不亦說乎。

この漢文を読むとき、中国語で発音する日本人はまずいません。「子曰く、学びて時に之を習う、また説(よろこば)しからずや」と日本語に訳して読みます。しかも、日本式の語順で訳せるように、レ点、一・二点などの「返り点」をつけることも考案されました。外国語として話すことを無視しても、日本語に訳して意味さえ取れればよい——。このやり方が、千数百年に及ぶ日本の外国語学習の伝統なのです。言語学者の鈴木孝夫氏は、この日本式外国語学習を評して「日本人は“死語”として外国語を学んでいる」といっています（鈴木孝夫『日本語教のすすめ』（新潮新書、2009年）など）。

物事には、常に良い面と悪い面があります。この漢文訓読法は、翻訳語を通して日本語の文章を豊かにしただけでなく、広く日本の近代化に役立ったという側面もあります（加藤徹『漢文の素養』（光文社新書、2006年）など）。しかしこれが、学校教育の英語にも受け継がれ、現在、発信型の英語を学ぶ上で障害になっていることは否定できません。

“死語”として英語を学ぶとは？

ここで「死語として英語を学ぶ」とはどういうことかを考えてみましょう。“死語”（dead language）といえば、西洋人なら、古典ギリシャ語やラテン語を思い浮かべるのが普通です。昔は話されていたが、もう日常生活では話されていない言語です。日本人にとっては、1000年前の『源氏物語』など、古典の授業で習った日本語を思い浮かべるといいでしょう。古典の日本語は、現在は俳句・短歌の中でかろうじて使われる程度で、日常生活で話されることはありません。この古い日本語を学校で学ぶとき、私たちがどうしたか思い出してください。品詞分解をしたり、動詞や形容詞の活用を暗唱させられたりしましたね。そして最終的に古典日本語を現代日本語に訳す、という形で学習しました。その際、注意しなければならないのは、「古典日本語を話す」訓練をしなかったことです。必要がないのだから当たり前と思われるかもしれませんが、「死語として学ぶ」とは、こういうことなのです。つまり、(1) 詳細な文法を学習し、文を細かく分析する（死語は普段使われていないため、文法なしで理解できる「語感」がありません。「形」から正確な意味を認識できるようにするためには、詳細な分析が必要なのです）。(2) 翻訳を通して読む。(3) その言語を話すことを前提としていない、ということです。これが「死語としての学習法」です。このやり方こそ、日本人が学校英語教育で採用している方法なのです。学校の英語の授業では、古典の授業と同様、一応テキストの音読はしますが、話すことを前提としていないので発音は重視しません。メチャクチャに近い発音という人もいます。そして自然な「語感」の養成は無視して、もっぱら文法的に解析し、訳読していきます。私は、大学教員として、高校まで出向き、１・２年生に英語の授業をすることもあります（「出張講義」といいます)。また、高校の研究授業を見学することもあります。そしてそこで目にするのは、“死んだ言語”となっている英語の姿です。また、音声言語としての英語を習得している生徒がほとんど誰もいない、という状況です。

英語のカタカナ語化

ここで、現在使われている日本語も、英語受容型に特化していることをお話ししたいと思います。

日本語の表記には、ひらがな・カタカナ・漢字(時にはローマ字表記)が用いられています。英語を日本語に取り入れるときには、現代ではカタカナを使い、日本語式に発音する(すべての子音のあとに母音をつけ、抑揚をつけない)。これだけで日本語化の完了です。こんな便利な方式は世界でも日本語だけでしょう。たとえば、中国語の場合、外国語を中国語に直すとき、原則として漢字に直さなければなりません。日本でも、昔は漢字に直していた時代がありましたが、現在は外来語はカタカナ表記するのが普通です。

中国語では、外来語表記はその意味を表す漢字をあてるか、あるいは外来語の発音に似せた漢字を選びます。例を挙げましょう。まず意味を表す漢字をあてる例です。今、私が原稿を打っている personal computerは日本語ではパソコンです。中国語では「个人电脑(個人電脳)」と書き、この漢字を中国語読みにします。keyboardキーボード、softwareソフト(ウエア)、hardwareハード(ウエア)は、それぞれ「键盘(鍵盤)」「软件(軟件)」「硬件」です。西洋人の名前は原則として、その音に近い漢字を当てます。アメリカの大統領Obamaは日本語ではオバマですが、中国語では「奥巴马」。音楽家のMozartモーツァルトは「莫札特」、Beethovenベートーベンは「貝多芬」と表記します。

しかし音表記の場合、同じ音の漢字がたくさんあるので、みんな好き好きに漢字をあてていたら混乱してしまいそうですね。中国人の同僚の先生に聞くと、中国本土では、「人名の新語は、国営の新華社通信の表記に従う」のだそうです。

このように英語をカタカナ(時にはローマ字)で表記し、日本式に発音してすぐに日本語にしてしまう方式はたしかに便利です。ですが、一方で大きな副作用ももたらしているのを忘れてはいけません。発信型の英語、つまり英語を話す力にマイナスの影響を及ぼしているのです。普通の日本人は、英語を聞いても、すべてカタカナに変換して日本語式に発音してしまいます。事実、日本の公立学校で教えている外国人教師の中には、「いくら学習しても日本人はなぜ英語らしい発音ができないのか。なぜ自分の英語の発音を真似ることができないのだろう」と悩んでいる人も少なくありません。

「翻訳語彙」の存在

次に、日本式外国語教育から生み出された「語彙」に絞って話を進めましょう。いよいよ本題です。英語の語彙はpassive vocabulary（読んだり、聴いたりして理解できる語彙）とactive vocabulary（話したり、書いたりできる語彙）に大きく分けられるといわれます。しかし、これは「英語を英語のまま理解できること」が前提となっていることを忘れてはなりません。実は日本人学習者の場合、英語だけでは理解できない、日本語に訳さないと理解できない語彙が大半を占めています。これは前述のように、“死語”として外国語を学習する伝統から来たものです。私はこれを「翻訳語彙」と呼びます。皆さんの語彙が翻訳語彙であるかどうかを調べるためには、学習英々辞典を読んでみると手っ取り早いです。学習英々辞典はやさしい単語のみで書かれています。この定義をさっと読んでもわからないのであれば、皆さんの語彙はほとんどすべて「翻訳語彙」だと断言することができます。

では、ここで最初に投げかけた質問に答えましょう。**難解な英文を読めるはずの日本人がなぜ英語をさっぱり話せないのか。それは、日本の伝統となっている「死語としての外国語学習」が原因**です。そして語彙の面から見れば、「翻訳語彙」が問題なのです。この「翻訳語彙」を（英語だけで理解できる）passive vocabularyや（英語だけで発信できる）active vocabularyに転換しなければ、自由に英語で意思疎通をすることはできません。

翻訳語彙 → passive vocabulary → active vocabulary

日本の学校教育で英語を学習した人なら、すでに翻訳語彙は身につけています。

その翻訳語彙を、このように左から右へと転換させれば、話す準備は完了です。もちろん中学校程度の英文法は終えているということが前提ですが、これもほとんどすべての日本人が学習しているはずです。ですから、あとは**翻訳語彙をアクティブな状態に転換させれば、ある程度の英語を話すことができるようになる**という理屈なのです（ここでは話をわかりやすくするために、言語、文法構造、発音、文化、心理その他の要因を無視しています。日本人が英語を話す際の最大の阻害要因と思われるものを取り出し、その改善策を提示しているとお考えください）。

大学で私の授業を受講する学生は、伝統的な日本の学校教育を受けてきた学生ばかりです。したがって大学入学時にはほとんど英語を話せません。彼らは英語専攻の学生ではありません。また、必修の英語の授業なので、特別モチベーションが高いわけでもありません。しかし、私の授業を週１回受けるだけで、半年もすれば見違えるように実用的な英語能力に変わります。その秘密は、中学・高校で学習した"死語としての英語"を、通訳訓練法によって"生きた英語"（＝音声言語としての英語）に転換させるところにあるのです。一から"生きた英語"を習得させようとしたら、この程度の回数の授業・期間では絶対に不可能でしょう。

通訳トレーニングで話せるようになる理由

英語力改善のための通訳訓練法はそのほとんどが、日本の通訳スクールで開発された、と私は考えています。通訳の歴史に詳しい人なら、シャドーイングは、ヨーロッパか旧ソ連、あるいはアメリカで最初に開発されたのではないか、と思う人がいるかもしれません。その通りです。しかし、現在、ヨーロッパなどで通訳訓練の際にシャドーイングをする場合、あくまで同時通訳のウォーミング・アップとして行われるだけです。同時通訳では、日常私たちがやらない、「聴きながら話す」という行為をします。その感覚を体験してもらうために予備訓練として行うのです。外国語習得、外国語力改善などの目的でやるわけではありません。

シャドーイングは、プロソディ（英語のリズム、アクセント、イントネーションなど）の改善に効果があり、スピーキングにプラスになることが確かめられています。私の観察ではこの他に以下の効用があります。

(1) 翻訳語彙がpassive vocabularyに変わる。したがって日本語に訳さなくても英語が理解できるようになる。

(2) (1) の結果、リーディングでも訳さなくて理解できるようになる。

(3) リスニング力がアップする。

このように**シャドーイングだけでも、日本人の英語力改善の上でさまざまな効用がある**わけです。その背景には、日本語と英語の発音体系が大きく異なっていることだけでなく、"死語"として英語を学ぶ、日本の伝統的な学習法が根底にあります。すでにお話ししたように、日本の伝統的な外国語学習では、聴くことも話すこともほとんど無視しています。ですから、**「聴く・話す」を同時に行うシャドーイング訓練を行えば、大きく"生きた英語"に近づくことになります。また、翻訳語彙を(英語だけでわかる) passive vocabularyに転換できるので、リスニング力とリーディング力が同時に飛躍的アップする**のです。日本人学習者にはシャドーイングが非常に効果的で、実際にTOEICの点数が大幅に上昇したりするのには、こういう"からくり"があると私は考えています。

実は、ヨーロッパなど海外の研究者の中にはシャドーイングに対する否定的な意見があります。日本でも「シャドーイングは、第二言語(外国語)習得とは全く関係ない」と断言する研究者までいます。しかし、今まで見てきたことを総合すれば、シャドーイングは、伝統的学習法で学んだ"死語としての英語"を"生きた英語"に変えることができるので、日本人に劇的な効果があるのだ、ということがわかっていただけると思います。一方、普通に"生きた外国語"を学習しているヨーロッパ人がシャドーイングをしても、ほとんど効果が認められないのは当然のことなのです。

通訳訓練法による効果

本書では、クイック・レスポンス、シャドーイング、リピーティング、日→英サイト・トランスレーションという4つのトレーニング法を取り上げました。以下は、それぞれのトレーニング法が、主に語彙にどのような効果をもたらすかを示した表です。これは、厳密にデータを取ったわけではなく、私が授業中に学生を観察して判断したものです。

訓練法の名前	訓練の内容	効果
クイック・レスポンス STEP1	日本語を見て、瞬時に英単語・フレーズを口で言えるようにする練習	単語・フレーズ単位ですぐに英語を口に出せるようになる→単語・フレーズ単位で、翻訳語彙をactive vocabularyに変える。
シャドーイング STEP2	英語の音声を聞きながら、音声に沿って口まねする練習	発音やイントネーションが改善する。英文を、日本語を介さずに理解できるようになる→翻訳語彙をpassive vocabularyに変える。
リピーティング STEP2	英語の音声を聞いたあとに、それを口で再現する練習	意味のかたまりの単位で、英語を口に出せるようになる→より大きい単位でactive vocabularyに変える。
日→英サイト・トランスレーション STEP3	日本語を見ながら、どんどん英語に訳していく練習	文単位で英語を口に出し、話せるようになる→文単位でactive vocabularyに変える。

本書ではまず上記の4つのトレーニング法を使って、「翻訳語彙」を"使える語彙"に転換する訓練を集中的に行います。そしてその成果を、イラストを使ったナレーション（本書では、「リプロダクション」と呼びます）で確認する、というプロセスを採っています。

潜在的な力をつける、伝統的な英語学習法

ここで、誤解してほしくないのは、従来の日本の英語教育は決して間違っていたわけではない、ということです。日本のように、外国語を話す必要性がない国では、死語として外国語を学ぶ方がむしろ効率的でした。この方式ならば、大人数のクラスで、先生が一方通行で教える授業が可能です。知識を問うだけなので、ペーパーテストにも向いています。また、学習者の方も、辞書さえ引けば英文の意味を取ることができるようになります。そして、一見コミュニケーション力が無いように見えても、この伝統的な英語学習で培った力——文法、構文、語彙——は潜在的な力として蓄えられていることを忘れてはいけません。留学をすれば、その効果がはっきりします。潜在的な力が、実用的な英語力に転換されるからです。通常、英語をゼロから勉強し始めたら、1～2年の留学期間で、英米の大学の授業を受けて単位を取るのは不可能です。しかし、それが可能なのは、日本の学校で勉強した文法、構文、語彙などの土台があるからです。過去、日本人が海外へ留学して成功をおさめ、日本の発展に貢献できたのは、一見役立たないように見える「日本式英語学習」という土台があったからといっていいでしょう。

「もしも」ですが、過去、日本のすべての学校教育で、コミュニケーション主体の授業だけをしていたらどうなっていたでしょうか？　日本の公立学校の場合、英語を学ぶ時間は限られており、40人という大人数に教えなければなりません。文法・構文・語彙などを翻訳を通して学ぶ——英語を死語として学ぶ——際にはそれほど問題はありません。他の教科と同じやり方で、知識を教え込むだけですみます。しかし、コミュニケーション主体の授業では、きちんと条件が揃わなければ、何も学ばないで終わる可能性があります。コミュニケーション主体の英語授業の場合、少人数の授業で授業回数を増やして集中訓練しなければ効果が現れません。このことは、民間の英会話学校や英語コミュニケーション能力の育成に力を入れている私立中・高の英語授業を見ればわかります。ですが公教育で、「少人数」で「集中」してやることはまず不可能です。そしてもしも学校教育でほんの少しの英会話力を身につけたとしても、日本の環境ではそれを維持することは困難です。話す英語は、使わなければ、どんどん錆びついていきます。身についたはずのものが、使わなければすぐに消えてしまいます。一方、英語が話されて

いる国であれば、学校で習った英語は、学校の外でも使えます。学外で話す必要性があるために、「学校で習う」⇔「学校の外で使う」といった相乗効果で、ますます英語が話せるようになるでしょう。日本では、日常生活では全く英語を使う機会がありません。そのため、よほど集中的に英会話を学習しない限り、覚えたあとからどんどん忘れてしまうという悪循環に陥る可能性があるのです。そして結局ほとんど何も身につかない恐れがあるわけです。その事態を避けるためにも、今まで日本が死語としての英語教育を続けてきたのは、賢明だったのかもしれません。

日本の立場の変化と英語教育

一昔前までは、確かにこの日本の伝統的な外国語学習法は十分に機能しました。海外の知識を輸入する上で役に立ち、最終的には日本の近代化に大きく貢献したのは間違いありません。しかし、いまや状況は変わりつつあります。日本は、いつのまにか後進国ではなくなりました。海外の知識を一方的に輸入する立場から、先進国・中心国の仲間入りをしたのです。そして今や「普遍語」「国際共通語」となった英語を使って世界に発信する立場に置かれています。死語として英語を学び、理解するだけではすまなくなったのです。最近、複数の日本企業が英語を社内公用語とすることを宣言しました。また、高校では2013年度から「授業を英語で行うことを基本とする」学習指導要領が実施されます。このように、現在、日本の英語学習には大きな変革が起きようとしています。日本の学校教育で勉強してきた人は誰でも、発信型の英語力、コミュニケーション力を身につけることが求められているのです。

この変革の背景には、国際社会における変化があります。まず、ここ数十年で学術・ビジネスの言語として、英語が圧倒的な地位を占めるようになったこと。そして日本が中心国の仲間入りをし、情報を発信する立場に変わったこと。この２つが、現在の日本の英語学習・教育に大きく影響を及ぼしているのは間違いありません。

イマージョン教育と通訳訓練法

英語教育を、「エリート教育（elite education）」と「一般教育（mass education）」に分けて考えましょう。日本で、多くの人に実用英語力を習得させることに成功した教育方法は、今までに2つしかないと私は考えています（といっても、民間レベルで、少人数の生徒に対して素晴らしい成果を挙げている教育例は数多くあります。素晴らしい先生方は全国にたくさんいらっしゃいます。私がそのことを知らないわけではありません。ここでは、見える形で社会に多大な影響を与えた教育法という意味でお話ししています）。

一つは、「英語イマージョン教育（English immersion）」です。これは、数学、理科など学校教育のほぼすべての科目を英語で教える方法です。明治の初めに全国7か所で開校された官立英語学校は、この方式で中等教育レベルの英語教育を行い、成功を収めました。内村鑑三、新渡戸稲造、岡倉天心といった明治期の英語の達人はここから生まれているのです。ご存じのとおり、彼らは立派な英文の著書まで残しています。大成功と言えるでしょう。ただし、このシステムを日本で成功させるには私はエリート教育が必要だと考えています。選り抜かれた高い知力の生徒、しかもモチベーションも極めて高い生徒を選抜しなければ、十分な効果は得られないでしょう。日本の指導者層の英語力が落ちると、国際社会での日本の競争力が落ちるのは確実です。ですから、この方式はエリート教育としてこれからも有効でしょう。現在は、いくつかの大学で国際教養学科（学部、大学）などがこの試みを続けています（なお、幼年期からのイマージョン教育についてはここでは触れません）。

このように、エリート教育としては、イマージョン教育は日本でも成功事例があります。しかし、この方式を一般教育で行うことは無理でしょう。もしも、全国の小学校・中学校・高校のレベルで全教科を英語で教えるとなると、膨大な労力、膨大な資金が必要です。教師養成にも長い年月が必要でしょう。そして何よりも、これだけ集中的な英語教育をすると、もはや日本、日本人ではなくなる恐れがあります。日本人が日本語を失い、日本文化が消滅しかねないわけです。明治時代のイマージョン教育、「英語学校」の試みは成功したにもかかわらず、わずか数年で終わりを迎えました。国家財政上の問題が理由と考える人もいますが、最大の理由は、日本人としてのアイデンティ消失の懸念が浮上したからかもしれません。

もう一つの成功例は、1960年台から民間の通訳学校で用いられている「通訳訓練法」です。通訳学校では、この訓練法をベースとした英語教育を行い、今までに数万人単位の語学エキスパートを養成しています。

大学の授業での実践

最後に大学での私の英語授業についてお話ししましょう。私の授業のベースは通訳訓練法です。そして授業改良の基本方針は、とにかく教師が学生を注意深く観察することです。試してみてうまく行ったことは続け、効果がなかったことはやめる。それだけです。この数年は、特に英語を話せるようになる授業を目指してきました。そして、週１回、90分の授業でも以下の３つを実践すれば、短期間で学生の英語が見違えるほど実用的なものに変わることが判明しました。

(1) phonicsで発音の矯正をする。
(2) 通訳訓練法を用いたトレーニングを行う。
(3) 聴く分量を増やすため、授業外の課題としてラジオのNHK語学番組（英語）を、１日２つ聴くことを勧める。

(2) が本書で採用したトレーニングです。これを一般読者にも知ってもらいたいために本書を執筆したわけです。この訓練だけでも絶大な効果があるのですが、日本の中学・高校で勉強してきた学生は、英語の発音をきちんと学んでいません。そのため、授業のはじめの10分間を割いて、(1) のphonicsで発音矯正をしています。phonics（フォニックス：英語のつづりと発音の関係を学ぶ学習法）については、多数の教材が出ていますので、本書ではこれ以上触れませんが、日本人の学習者が英語の発音を学ぶのに大変効果があります。本書には付属CDがありますので、それに収録されているネイティブの発音をよく聞き、できるだけ真似してみてください。それだけでも発音の向上につながります。

(3) は聴く力の強化です。本書の目的はスピーキング力を伸ばすことですが、会話になると聴く力も大切になってきます。NHKラジオの語学番組は、現在インターネットでも放送が聞けるようになって大変便利になりました。自分が聞いてみてなんとかわかる程度のラジオ放送を２番組、毎日聞き続けるのがいいようです。これで、スピーキング力とリスニング力という、英会話の２つの柱が揺るぎないものになります。皆さんにも、本書でスピーキング力をつけると同時に、リスニング力を強化することをお勧めします。

ここまで執筆したところで、大阪府立大学から2010年度の機構長教育奨励賞（優秀教師賞）を授与する、という一報が入ってきました。この賞は、学生アンケートが基準になっています。筆者の実践的な英語力習得の試みが学生に認められ、大学にも公式に認知されたことは、この上ない喜びです。

それでは、次ページからいよいよ「本書の使い方」です。あとは実行あるのみ。よく読んで実践してみてください。

本書の使い方

本書には、計21レッスンが掲載されています。

◇ 1 LESSON = STEP 1～4の4ステップ（8ページ）構成です。

◇ 各レッスンとも、STEP 1～4の順に学習してください。

◇ どのレッスンから始めても、また途中のレッスンをとばしても問題ないように構成されています。ですが、レッスンが進むにつれて、英文スクリプトが長くなりますので、まずは Lesson 1 から順に学習することをお勧めします。

STEP1 Quick Response クイック・レスポンス

10～30分

GOAL

左側の日本語だけを見て、（隠した）右側の英語を瞬時に口で言えるようになる。

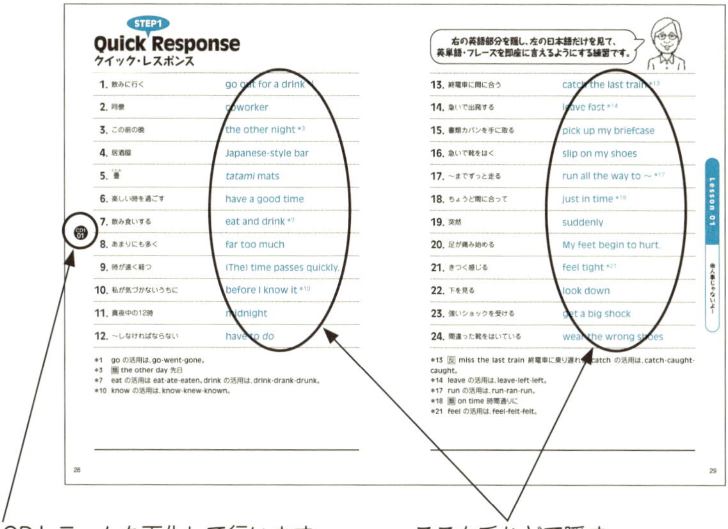

STEP1
Quick Response
クイック・レスポンス

1. 飲みに行く	go out for a drink *1
2. 同僚	coworker
3. この前の晩	the other night *3
4. 居酒屋	Japanese-style bar
5. 畳	*tatami* mats
6. 楽しい時を過ごす	have a good time
7. 飲み食いする	eat and drink *7
8. あまりにも多く	far too much
9. 時が速く経つ	(The) time passes quickly.
10. 私が気づかないうちに	before I know it *10
11. 真夜中の12時	midnight
12. ～しなければならない	have to *do*

*1 go の活用は、go-went-gone。
*3 関 the other day 先日
*7 eat の活用は eat-ate-eaten。drink の活用は、drink-drank-drunk。
*10 know の活用は、know-knew-known。

28

右の英語部分を隠し、左の日本語だけを見て、英単語・フレーズを即座に言えるようにする練習です。

13. 終電車に間に合う	catch the last train *13
14. 急いで出発する	leave fast *14
15. 書類カバンを手に取る	pick up my briefcase
16. 急いで靴をはく	slip on my shoes
17. ～までずっと走る	run all the way to ～ *17
18. ちょうど間に合って	just in time *18
19. 突然	suddenly
20. 足が痛み始める	My feet begin to hurt.
21. きつく感じる	feel tight *21
22. 下を見る	look down
23. 強いショックを受ける	get a big shock
24. 間違った靴をはいている	wear the wrong shoes

*13 反 miss the last train 終電車に乗り遅れる catch の活用は、catch-caught-caught。
*14 leave の活用は、leave-left-left。
*17 run の活用は、run-ran-run。
*18 関 on time 時間通りに
*21 feel の活用は、feel-felt-felt。

Lesson 01
他人事じゃないよー

29

このCDトラックを再生して行います

ここを手などで隠す

1. まずテキストを見ながら、CDに続いて英語を１回ずつ発音してみましょう。今度は１英単語（フレーズ）ずつCDを止めて、１つにつき３回発音してみましょう。その際、CDの音をできるだけ正確にコピーすることを心がけてください。

＜例＞

CD　「go out for a drink」

あなた　「go out for a drink」「go out for a drink」「go out for a drink」

覚えにくい単語（フレーズ）の場合、５回、６回と回数を増やしてもかまいません。

2. 次に、右側の英語を手などで隠し、最初の単語・フレーズから順番に日本語だけを見て、瞬時に英語を口で言えるように練習しましょう。上から順番に言えるようになったら、今度は最後から逆の順番で言えるように練習しましょう。これができたら合格です！

いつも間違えるところは、赤ボールペンやマーカーなどでチェックして、集中的に練習するのがコツです。できなければ、何度繰り返しても構いません。

STEP2 Shadowing & Repeating 10〜30分
シャドーイング＆リピーティング

GOAL（シャドーイング）

テキストを見ず、英語の音声だけを聞いて口まねできるようになる。

GOAL（リピーティング）

テキストを見ずに、ポーズのところで、口に出して英語を繰り返すことができるようになる。

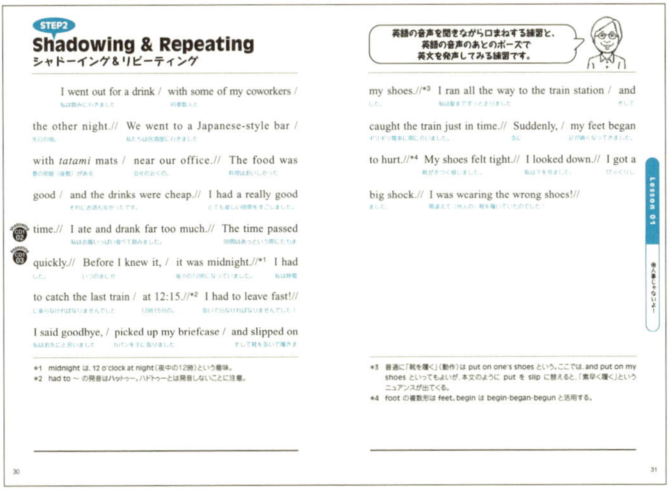

STEP2
Shadowing & Repeating
シャドーイング＆リピーティング

英語の音声を聞きながら口まねする練習と、英語の音声のあとのポーズで英文を発声してみる練習です。

I went out for a drink / with some of my coworkers / the other night.// We went to a Japanese-style bar / with *tatami* mats / near our office.// The food was good / and the drinks were cheap.// I had a really good time.// I ate and drank far too much.// The time passed quickly.// Before I knew it, / it was midnight.//*1 I had to catch the last train / at 12:15.//*2 I had to leave fast!// I said goodbye, / picked up my briefcase / and slipped on my shoes.//*3 I ran all the way to the train station / and caught the train just in time.// Suddenly, / my feet began to hurt.//*4 My shoes felt tight.// I looked down.// I got a big shock.// I was wearing the wrong shoes!//

*1 midnight は、12 o'clock at night（夜中の12時）という意味。
*2 had to ～ の発音はハットゥー。ハドトゥーとは発音しないことに注意。

*3 普通に「靴を履く」（動作）は put on one's shoes という。ここでは、and put on my shoes といってもよいが、本文のように put を slip に替えると、「素早く履く」というニュアンスが出てくる。
*4 foot の複数形は feet。begin は begin-began-begun と活用する。

Lesson 01 他人事じゃないよー

30　31

シャドーイング　shadowing CD1 02 のCDトラックを再生して行います。

1. shadow は「影」。shadowing とは「影」のようについていく、という意味です。最初はテキストを見ながら、CDから聞こえた通りにほぼ同時に口まねしていきます。英語を聞きながら話す練習です。

<例>

CD　　I went out for a drink with some of my coworkers...

あなた　　I went out for a drink with some of my coworkers...

2. もう一度CDを再生します。今度はなるべくテキストを見ないで行いましょう。
3. すらすらと口が動くようになるまで、何度か繰り返しましょう。まったくテキストを見ないで、すべてシャドーイングできるようになれば合格です！

リピーティング　Repeating CD1 03 のCDトラックを再生して行います。

1. CDには、テキストのスラッシュごとにポーズが入っています。このポーズのところで、直前に聞こえた英語を繰り返してください。

<例>

CD　　I went out for a drinks...

あなた　　　　　　I went out for a drinks...

2. まったくテキストを見ないで、すべてリピーティングできるようになれば合格です！

次からはCDを使わずに練習します。

STEP3 Sight Translation サイト・トランスレーション

10〜30分

GOAL

左側の日本語だけを見て、（隠した）右側の英語を瞬時に口で言えるようになる。

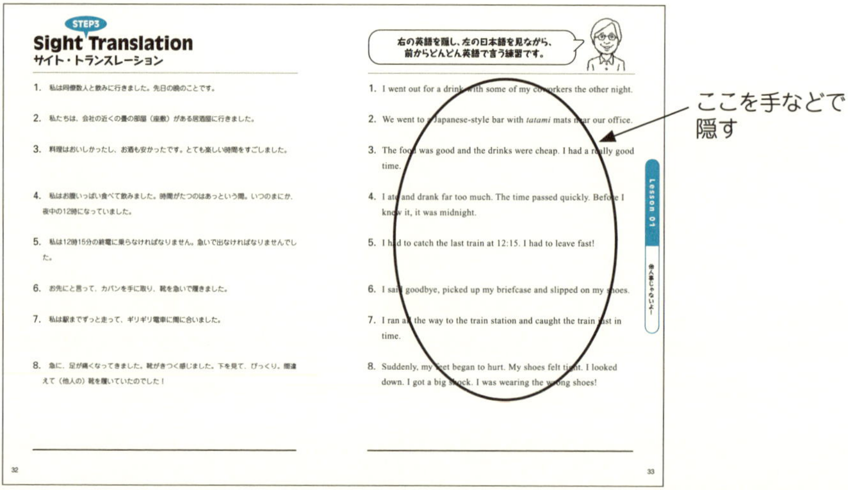
STEP3
Sight Translation
サイト・トランスレーション

1. 私は同僚数人と飲みに行きました。先日の晩のことです。
2. 私たちは、会社の近くの畳の部屋（座敷）がある居酒屋に行きました。
3. 料理はおいしかったし、お酒も安かったです。とても楽しい時間をすごしました。
4. 私はお腹いっぱい食べて飲みました。時間がたつのはあっという間。いつのまにか、夜中の12時になっていました。
5. 私は12時15分の終電に乗らなければなりません。急いで出なければなりませんでした。
6. お先にと言って、カバンを手に取り、靴を急いで履きました。
7. 私は駅までずっと走って、ギリギリ電車に間に合いました。
8. 急に、足が痛くなってきました。靴がきつく感じました。下を見て、びっくり。間違えて（他人の）靴を履いていたのでした！

32

右の英語を隠し、左の日本語を見ながら、前からどんどん英語で言う練習です。

1. I went out for a drink with some of my coworkers the other night.
2. We went to a Japanese-style bar with *tatami* mats near our office.
3. The food was good and the drinks were cheap. I had a really good time.
4. I ate and drank far too much. The time passed quickly. Before I knew it, it was midnight.
5. I had to catch the last train at 12:15. I had to leave fast!
6. I said goodbye, picked up my briefcase and slipped on my shoes.
7. I ran all the way to the train station and caught the train just in time.
8. Suddenly, my feet began to hurt. My shoes felt tight. I looked down. I got a big shock. I was wearing the wrong shoes!

Lesson 01
他人事じゃないよ―

33

1. 左のページの日本語を見て、瞬時に英語に訳していきましょう。最初は、右側の英語を見ながら練習してかまいません。STEP 1 クイック・レスポンスと原理的には同じです。クイック・レスポンスは単語・フレーズ単位の転換練習、サイト・トランスレーション文単位で瞬時に転換する練習です。

2. 右ページの英語を隠し、左の日本語をだけを見て、すらすら英語が言えるようになれば合格です！

STEP4 Reproduction
イラストを見てリプロダクション

10分

GOAL

イラストだけを見て、英語ですらすらとナレーションできるようになる。

1. イラストを見て、レッスンのストーリーを英語で説明していきます。ひとコマずつ、誰かにストーリーを聞かせてあげるつもりで、口に出して説明しましょう。

2. うまくできない場合は、STEP３を参照してください。コマ番号と、STEP３の段落番号が対応しています。

3. 初中級者は、STEP３までに勉強した英文を文字通り「再生」するつもりで、上級者は既習の英文をもとにして別の表現にトライしてみましょう。イラストだけを見て、すらすら英語で説明できるようになれば合格です！

Lesson 01

If the shoe fits...

他人事じゃないよ！

STEP1

Quick Response
クイック・レスポンス

1.	飲みに行く	go out for a drink *1
2.	同僚	coworker
3.	この前の晩	the other night *3
4.	居酒屋	Japanese-style bar
5.	畳(たたみ)	*tatami* mats
6.	楽しい時を過ごす	have a good time
7.	飲み食いする	eat and drink *7
8.	あまりにも多く	far too much
9.	時が速く経つ	(The) time passes quickly.
10.	私が気づかないうちに	before I know it *10
11.	真夜中の12時	midnight
12.	～しなければならない	have to *do*

CD1 01

*1 go の活用は、go-went-gone。
*3 類 the other day 先日
*7 eat の活用は eat-ate-eaten。drink の活用は、drink-drank-drunk。
*10 know の活用は、know-knew-known。

右の英語部分を隠し、左の日本語だけを見て、
英単語・フレーズを即座に言えるようにする練習です。

13.	終電車に間に合う	catch the last train [*13]
14.	急いで出発する	leave fast [*14]
15.	書類カバンを手に取る	pick up my briefcase
16.	急いで靴をはく	slip on my shoes
17.	～までずっと走る	run all the way to ～ [*17]
18.	ちょうど間に合って	just in time [*18]
19.	突然	suddenly
20.	足が痛み始める	My feet begin to hurt.
21.	きつく感じる	feel tight [*21]
22.	下を見る	look down
23.	強いショックを受ける	get a big shock
24.	間違った靴をはいている	wear the wrong shoes

*13 [反] miss the last train 終電車に乗り遅れる。catch の活用は、catch-caught-caught。
*14 leave の活用は、leave-left-left。
*17 run の活用は、run-ran-run。
*18 [類] on time 時間通りに
*21 feel の活用は、feel-felt-felt。

STEP2

Shadowing & Repeating

シャドーイング&リピーティング

I went out for a drink / with some of my coworkers /
私は飲みに行きました　同僚数人と

the other night.// We went to a Japanese-style bar /
先日の晩。　私たちは居酒屋に行きました

with *tatami* mats / near our office.// The food was
畳の部屋（座敷）がある　会社の近くの。　料理はおいしかった

good / and the drinks were cheap.// I had a really good
それにお酒も安かったです。　とても楽しい時間をすごしました。

Shadowing CD1 02

time.// I ate and drank far too much.// The time passed
私はお腹いっぱい食べて飲みました。　時間はあっという間にたちま

Repeating CD1 03

quickly.// Before I knew it, / it was midnight.//*1 I had
した。　いつのまにか　夜中の12時になっていました。　私は終電

to catch the last train / at 12:15.//*2 I had to leave fast!//
に乗らなければなりませんでした　12時15分の。　急いで出なければなりませんでした！

I said goodbye, / picked up my briefcase / and slipped on
私はお先にと言いました　カバンを手に取りました　そして靴を急いで履きま

*1　midnight は、12 o'clock at night（夜中の12時）という意味。
*2　had to ～ の発音は**ハットゥー**。ハドトゥーとは発音しないことに注意。

**英語の音声を聞きながら口まねする練習と、
英語の音声のあとのポーズで
英文を発声してみる練習です。**

my shoes.//*3 I ran all the way to the train station / and
した。 私は駅までずっと走りました そして

caught the train just in time.// Suddenly, / my feet began
ギリギリ電車に間に合いました。 急に 足が痛くなってきました。

to hurt.//*4 My shoes felt tight.// I looked down.// I got a
靴がきつく感じました。 私は下を見ました。 びっくりし

big shock.// I was wearing the wrong shoes!//
ました。 間違えて（他人の）靴を履いていたのでした！

*3 普通に「靴を履く」（動作）は put on one's shoes という。ここでは、and put on my shoes といってもよいが、本文のように put を slip に替えると、「素早く履く」というニュアンスが出てくる。

*4 foot の複数形は feet。begin は begin-began-begun と活用する。

STEP3

Sight Translation
サイト・トランスレーション

1. 私は同僚数人と飲みに行きました。先日の晩のことです。

2. 私たちは、会社の近くの畳の部屋（座敷）がある居酒屋に行きました。

3. 料理はおいしかったし、お酒も安かったです。とても楽しい時間をすごしました。

4. 私はお腹いっぱい食べて飲みました。時間がたつのはあっという間。いつのまにか、夜中の12時になっていました。

5. 私は12時15分の終電に乗らなければなりません。急いで出なければなりませんでした。

6. お先にと言って、カバンを手に取り、靴を急いで履きました。

7. 私は駅までずっと走って、ギリギリ電車に間に合いました。

8. 急に、足が痛くなってきました。靴がきつく感じました。下を見て、びっくり。間違えて（他人の）靴を履いていたのでした！

右の英語を隠し、左の日本語を見ながら、
前からどんどん英語で言う練習です。

1. I went out for a drink with some of my coworkers the other night.

2. We went to a Japanese-style bar with *tatami* mats near our office.

3. The food was good and the drinks were cheap. I had a really good time.

4. I ate and drank far too much. The time passed quickly. Before I knew it, it was midnight.

5. I had to catch the last train at 12:15. I had to leave fast!

6. I said goodbye, picked up my briefcase and slipped on my shoes.

7. I ran all the way to the train station and caught the train just in time.

8. Suddenly, my feet began to hurt. My shoes felt tight. I looked down. I got a big shock. I was wearing the wrong shoes!

STEP4

Reproduction

イラストを見てリプロダクション

1
2
3
4

イラストを見ながら、英語で説明してみましょう。

5

6

7

8

Lesson 02

It's alive!

生きてる！

STEP1

Quick Response
クイック・レスポンス

1.	強い恐怖に襲われる、 とても怖い目にあう	get a big fright
2.	アパートの一室	apartment *2
3.	まさに～しようとする	be about to *do*
4.	寝る、床につく	go to bed *4
5.	気づく	notice ［動］
6.	娘	daughter *6
7.	おもちゃ	toy
8.	フェレット《イタチの仲間で、 ペットとして人気がある》	ferret
9.	床の上に横たわる	lie on the floor *9
10.	身をかがめる、前かがみになる	bend down *10
11.	拾い上げる	pick up
12.	～したい	want to *do*

CD1 04

*2 日本語の「アパート」は、「アパートの一室」を指すのか「アパートの建物全体」を指すのか曖昧だが、英語では前者は apartment、後者は apartment building (or apartment house)と区別する。イギリスでは flat と言う。

*4 go の活用は、go-went-gone。

*6 類 son 息子

*9 lie の活用は、lie-lay-lain。現在分詞は lying。

*10 bend の活用は、bend-bent-bent。

右の英語部分を隠し、左の日本語だけを見て、英単語・フレーズを即座に言えるようにする練習です。

13.	それをおもちゃ箱に入れる	put it in the toy box
14.	跳びあがる	jump up
15.	～を走って横切る	run across ～ *15
16.	消える	disappear
17.	長椅子、ソファー	sofa
18.	ちょっとの間	for a moment
19.	生きて	alive［形］
20.	あとで	later
21.	知る、気づく	find out *21
22.	隣人、近所の人	neighbor
23.	～のように思える、らしい	it seems ～
24.	ベランダのドアを通って	through the balcony door

*15 run の活用は、run-ran-run。
*21 find の活用は、find-found-found。

STEP2

Shadowing & Repeating
シャドーイング&リピーティング

Shadowing CD1 05
Repeating CD1 06

I got a big fright / the other night.// I was in my apartment.// It was about midnight.// I was about to go to bed.// Suddenly, / I noticed my daughter's toy ferret / lying on the floor.//*1 I bent down / to pick it up.// I wanted to put it in the toy box.// But, suddenly it jumped up, / ran across the room / and disappeared under the sofa.// I got a real shock.// For a moment, / I thought / the toy ferret was alive!// Later though, / I found out /

私はとても怖い思いをしました 先日の晩。私はアパートの部屋にいました。真夜中の12時頃でした。そろそろ寝ようとしていたところでした。ふと 娘のおもちゃのフェレットに気づきました 床の上にある。私はしゃがみました それを拾うために。おもちゃ箱に入れようと思ったのです。しかし、突然そのおもちゃが飛びあがりました 部屋を走って横切りました そして、ソファーの下に消えてしまいました。私は本当にびっくりしました。一瞬 私は思いました そのおもちゃのフェレットが生きている、と。ですが、あとで 気付きました

*1 notice はいわゆる「知覚動詞」。notice + O + *doing* で「Oが〜しているのに気づく」。lie は lying となることに注意。

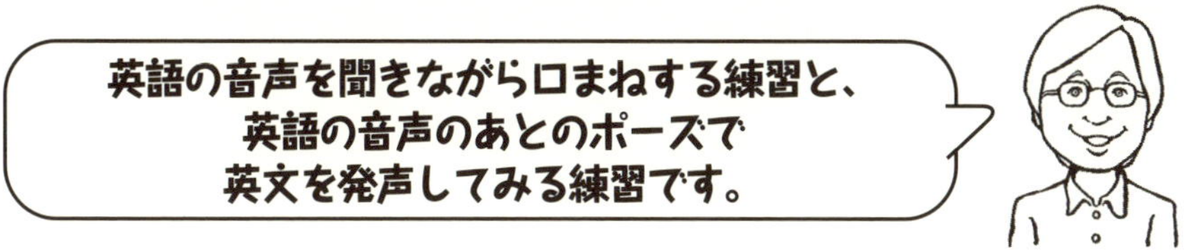

it was my neighbors' pet ferret.// It seems / it came into
隣人のペットのフェレットだということに。 どうも 私のアパート（の部屋）

my apartment / through the open balcony door / when
に入りこんで来たようです ベランダの開いているドアから 誰も見て

nobody was looking!//*2
いないうちに。

*2 It seems のあとには、S+Vが続く。（例）It seems (that) he is ill in bed.（彼は病気で寝ているらしい）

STEP3

Sight Translation
サイト・トランスレーション

1. 先日の晩、私はとても怖い思いをしました。私はアパートの部屋にいて、真夜中の12時頃でした。

2. そろそろ寝ようとしていたところでした。ふと、娘のおもちゃのフェレットが床の上にあることに気づきました。

3. 私はしゃがんで、それを拾い上げようとしました。おもちゃ箱に入れようと思ったのです。

4. しかし、突然そのおもちゃが飛びあがり、部屋を走って横切りソファーの下に消えてしまいました。私は本当にびっくりしました。

5. 一瞬、そのおもちゃのフェレットが生きている、と思いました！

6. が、あとで、隣の部屋の人が飼っているペットのフェレットだということに気付きました。

7. 誰も見ていないうちに、ベランダの開いているドアから、私のアパート（の部屋）に入りこんで来たようです！

右の英語を隠し、左の日本語を見ながら、
前からどんどん英語で言う練習です。

1. I got a big fright the other night. I was in my apartment. It was about midnight.

2. I was about to go to bed. Suddenly, I noticed my daughter's toy ferret lying on the floor.

3. I bent down to pick it up. I wanted to put it in the toy box.

4. But, suddenly it jumped up, ran across the room and disappeared under the sofa. I got a real shock.

5. For a moment, I thought the toy ferret was alive!

6. Later though, I found out it was my neighbors' pet ferret.

7. It seems it came into my apartment through the open balcony door when nobody was looking!

STEP4

Reproduction

イラストを見てリプロダクション

イラストを見ながら、英語で説明してみましょう。

5

6

7

Lesson 03

Lost for words!

絶句！

STEP1

Quick Response

クイック・レスポンス

1.	営業マンとして働く	work as a salesman
2.	広告代理店	advertising agency *2
3.	～と呼ばれる、という名前の	called ～ *3
4.	働きはじめる	start to work
5.	先週	last week
6.	彼の初日	on his first day
7.	人に～するよう頼む	ask someone to *do*
8.	人に～を案内する	show someone around ～
9.	そのあと	after that
10.	社員の大半	most of the staff
11.	～に気をつける	watch out for ～
12.	怒りっぽい、気難しい	bad-tempered *12

CD1 07

*2 動 advertise 広告する、宣伝する　名 advertisement 広告
*3 類 named ～ ～という名前の（例）a man named (= called) Takeshi（たけしという名前の男性）
*12 類 moody（理由が無いのに）怒る、気分屋の

右の英語部分を隠し、左の日本語だけを見て、
英単語・フレーズを即座に言えるようにする練習です。

13.	不平（文句）を言う	complain
14.	叫ぶ	shout
15.	人に〜させる	make someone *do*
16.	残業する	work overtime
17.	ほぼ毎日	nearly every day *17
18.	人気がない	unpopular *18
19.	〜（のいうこと）を聞く	listen to 〜 *19
20.	注意深く	carefully
21.	実は	actually
22.	おじ	uncle *22
23.	何と言っていいかわからない	don't know what to say
24.	〜した方がよい	had better 〜
25.	〜を探す	look for 〜

*17 同 almost every day ほとんど毎日
*18 反 popular 人気がある
*19 類 hear（自然に）聞こえる、聞こえてくる
*22 類 aunt おば

STEP2

Shadowing & Repeating

シャドーイング&リピーティング

I work as a salesman / at an advertising agency.//*1
私は営業の仕事をしています　広告代理店で。

A new salesman called John / started to work in my
ジョンという新しい営業マンが　私のオフィスで働き始めました

office / last week.// On his first day, / my boss asked me /
先週から。　彼の出勤初日　私の上司が頼んできました

to show him around the office.// After that, / we had
ジョンにオフィスを案内してあげてと。　そのあと　私たちは一緒

Shadowing CD1 08

Repeating CD1 09

lunch together.// John asked me about our coworkers.//
に昼食をとりました。　ジョンが同僚たちについて尋ねてきました。

“Most of the staff are really nice”,*2 / I said, / “But you
「スタッフのほとんどは本当に親切だよ」　私は答えました。「でも、気を付け

should watch out / for our supervisor Mr. McGregor.//
た方がいい　僕たちの上司のマグレガーさんには。

He’s really bad-tempered.// He’s always complaining /
彼はとても怒りっぽい。　いつも文句言っている

---

*1 女性の場合は、saleswoman という。ただし salesperson または sales representative とすれば男女どちらでも使える。

*2 nice はここでは、kind, friendly の意味。(例) John is very nice to me.(ジョンは私にとても親切だ)

英語の音声を聞きながら口まねする練習と、
英語の音声のあとのポーズで
英文を発声してみる練習です。

and shouting.// He makes us work overtime / nearly
それに怒鳴ってばかりいる。 私たちに残業させる 毎日のよう

every day.// So he is very unpopular.”// John listened
に。 だからあの人、全く人気ないんだよね。」 ジョンはじっと聞いてい

carefully / to everything I said.//*3 Then he said, /
ました 私の言うことを。 それから彼は言いました

“Actually, Mr. McGregor is my uncle!”// I didn’t know
「実は、マグレガーさんは私の叔父なんですよ！」 何と言っていいのかわか

what to say!// I think / I’d better look for a new job!//
りませんでした！ 私は思います 新しい仕事を探したほうがよさそうだと。

*3 everything (that) I said と、関係代名詞 that が省略されている。

STEP3

Sight Translation
サイト・トランスレーション

1. 私は広告代理店で営業の仕事をしています。先週からジョンという新しい営業マンが私のオフィスで働き始めました。

2. 彼の出勤初日、私の上司が、ジョンにオフィスを案内してあげてと頼んできました。

3. そのあと、私たちは一緒に昼食をとりました。

4. ジョンが同僚たちについて尋ねてきました。「スタッフのほとんどは本当に親切だよ」と私は答えました。

5. 「でも、僕たちの上司のマグレガーさんには気を付けた方がいい。あの人はとても怒りっぽいから。いつも文句言って怒鳴ってばかり。しかも毎日のように残業させるんだ。だからあの人、全く人気ないんだよね」

6. ジョンは私の言うことをじっと聞いていました。で、言ったのです。「実は、マグレガーさんは私の叔父なんですよ！」

7. 何と言っていいのかわかりませんでした！新しい仕事を探したほうがよさそう！

右の英語を隠し、左の日本語を見ながら、
前からどんどん英語で言う練習です。

1. I work as a salesman at an advertising agency. A new salesman called John started to work in my office last week.

2. On his first day, my boss asked me to show him around the office.

3. After that, we had lunch together.

4. John asked me about our coworkers. “Most of the staff are really nice”, I said,

5. “But you should watch out for our supervisor Mr. McGregor. He’s really bad-tempered. He’s always complaining and shouting. He makes us work overtime nearly every day. So he is very unpopular.”

6. John listened carefully to everything I said. Then he said, “Actually, Mr. McGregor is my uncle!”

7. I didn’t know what to say! I think I’d better look for a new job!

STEP4

Reproduction

イラストを見てリプロダクション

1

2

3

4

イラストを見ながら、英語で説明してみましょう。

5

Work overtime!

McGregor

6

My uncle

7

Should I change jobs?

Lesson 03

To tell or not to tell...

言うべきか、言わないべきか…

STEP1

Quick Response
クイック・レスポンス

1.	問題をかかえている	have got a problem *1
2.	～する時に	as ～
3.	～から出て来る	come out of ～
4.	映画館	movie theater
5.	町で	in town
6.	～にばったり出会う	bump into ～ *6
7.	別の女の子	another girl
8.	明らかに	obviously
9.	デートして	on a date
10.	（人が）きまりの悪い思いをした、恥ずかしい	embarrassed ［形］ *10
11.	とにかく	anyway
12.	電話する	call ［動］

CD1 10

*1 have got は have と同じ意味で用いられる口語表現。（例）I've got a wife and two children.（私には妻と2人の子供がいます）

*6 類 meet ～ by chance, run into, run across, come across 偶然出会う

*10 embarrassed「（人が）恥ずかしい思いをする」と embarrassing「（物が）当惑させる」の違いに注意。（例）I was embarrassed. = It was embarrassing for me.（私は恥ずかしかった）

右の英語部分を隠し、左の日本語だけを見て、英単語・フレーズを即座に言えるようにする練習です。

13.	今晩	this evening
14.	人に～しないよう頼む	ask someone not to *do*
15.	同意する、同じ意見を持つ	agree *15
16.	正直にいって	to be honest
17.	～すべきかどうかわからない	don't know if I should *do* or not
18.	しばらくのあいだ付き合っている	have been together for a while *18
19.	難しい状況	difficult situation
20.	本当に	really
21.	取り乱した、気が転倒した	upset［形］
22.	ほかの誰か	someone else
23.	～に腹を立てる、怒る	be angry with ～
24.	何をしていいかわからない	don't know what to do

*15 反 disagree 意見が異なる、一致しない

*18 類 be in a relationship 付き合っている（例）I am in a relationship with her.（私は彼女と付き合っています）

STEP2

Shadowing & Repeating
シャドーイング&リピーティング

Shadowing CD1 11
Repeating CD1 12

I've got a problem.// Today, / as I was coming out
困ったことが起きました。 今日 私が出てきたとき

of / the new movie theater in town, / I bumped into /
街の新しい映画館から ばったり会いました

my friend Julie's boyfriend, Rick.// Only, / he was
友達のジュリーの彼氏、リックに。 ただ 彼は別の女の

with another girl!//*1 They were obviously on a date.//
子と一緒でした! 彼らはどう見てもデート中でした。

I don't know / who was more embarrassed / – him or
私はわかりません どっちが気まずかったか リックと私と。

me!// Anyway, / he called me this evening / and asked
とにかく 今日の夜リックが電話をかけてきました そして私にお願い

me / not to say anything to Julie...// I agreed / but, to be
してきました ジュリーには何も言わないようにと。 私は了解しました ですが、本当のと

honest, / I don't know / if I should tell Julie or not.//*2
ころは まだわからないんです ジュリーに言うべきかどうか。

*1 この only は、「ただし(= but, except that)」という意味の口語表現。接続詞として使われる。(例)I'd like to come to the party, only I must work.(パーティーには行きたいけど、ただ仕事があるんでね)

*2 if には「もし〜ならば」と「〜かどうか(= whether)」の2つの意味があることに注意。ここでは「〜かどうか」の意味。次ページの2〜3行目では「もし〜ならば」という意味で使われている。

英語の音声を聞きながら口まねする練習と、
英語の音声のあとのポーズで
英文を発声してみる練習です。

They've been together for a while / and I know she really
ふたりは長いこと付き合っています　それに私は、彼女がリックのことが大好

likes him.// It's a really difficult situation.// If I tell her, /
きなのを知っています。　本当に難しい状況です。　もし彼女に話したら

she'll be really upset.// But if I don't tell her / and she
きっと取り乱すでしょう。　でも私が彼女に話さないで　彼女が知った

finds out / I saw Rick with someone else, / she'll be
ら　リックが他の女の子と一緒にいたのを私が目撃したことを　彼女はめちゃく

really angry with me.// I really don't know what to do…//
ちゃ私のことを怒るでしょう。　本当にどうしたらいいんだろう…。

STEP3

Sight Translation
サイト・トランスレーション

1. 困ったことが起きました。今日、街の新しい映画館から出ると、友達のジュリーの彼氏、リックにばったり会ったのです。

2. ただ、彼は別の女の子と一緒だったんです！　どう見てもデート中でした。リックと私と、どっちが気まずかったかわかりません！

3. とにかく、今日の夜リックが電話をかけてきました。ジュリーには何も言わないようにというお願いです。

4. 私は了解しました。ですが、本当のところは、ジュリーに言うべきかどうか、まだわからないんです。ふたりは長いこと付き合っていて、彼女がリックのことが大好きなのを知っているからです。

5. 本当に難しい状況です。もし彼女に話したら、きっと取り乱すでしょう。

6. でも話さないで、リックが他の女の子と一緒にいたのを私が目撃したことを彼女が知ったら、彼女はめちゃくちゃ私のことを怒るだろうし。

7. 本当にどうしたらいいんだろう…。

右の英語を隠し、左の日本語を見ながら、
前からどんどん英語で言う練習です。

1. I've got a problem. Today, as I was coming out of the new movie theater in town, I bumped into my friend Julie's boyfriend, Rick.

2. Only, he was with another girl! They were obviously on a date. I don't know who was more embarrassed – him or me!

3. Anyway, he called me this evening and asked me not to say anything to Julie.

4. I agreed but, to be honest, I don't know if I should tell Julie or not. They've been together for a while and I know she really likes him.

5. It's a really difficult situation. If I tell her, she'll be really upset.

6. But if I don't tell her and she finds out I saw Rick with someone else, she'll be really angry with me.

7. I really don't know what to do…

STEP4

Reproduction

イラストを見てリプロダクション

1
2
3
4

イラストを見ながら、英語で説明してみましょう。

5 If I tell her...

6 If I don't... / Why not?

7 Sigh...

Lesson 04

Lesson 05

It's a real classic!

本当に名作！

STEP1

Quick Response
クイック・レスポンス

1.	お気に入りの、一番好きな	favorite
2.	～が監督した	directed by ～
3.	～に強い印象を残す	leave a strong impression on ～ *3
4.	遊園地	amusement park
5.	～で一杯	（be） full of ～
6.	クローンの	cloned ［形］
7.	恐竜	dinosaur
8.	招待する	invite
9.	招待客の一団	a group of guests
10.	～を含む	including ～
11.	孫	grandchild *11
12.	あちこち見て回る	look around

CD1 13

*3 leave の活用は、leave-left-left。
*11 複数形は grandchildren。

右の英語部分を隠し、左の日本語だけを見て、
英単語・フレーズを即座に言えるようにする練習です。

13.	異常が起きる、故障する	something goes wrong *13
14.	逃げる、脱走する	get loose
15.	暴れまわる	go on the rampage
16.	～しようとする	try to *do*
17.	島から逃げる	escape from the island
18.	特殊効果	special effects
19.	現実的な、本物らしい	realistic
20.	怖い、恐ろしい	scary
21.	時々	at times *21
22.	刺激的で面白い	exciting and funny
23.	演技と映画音楽	acting and soundtrack
24.	とても面白い	a lot of fun
25.	強く勧める	highly recommend

*13 something goes wrong with ～ なら「～が故障する」。（例）Something went wrong with the computer.（コンピュータが故障した）

*21 類 sometimes, occasionally 時々

STEP2

Shadowing & Repeating

シャドーイング&リピーティング

Shadowing CD1 14

Repeating CD1 15

One of my favorite movies is / Jurassic Park /
私のお気に入りの映画のひとつは　ジュラシック・パークです

directed by Steven Spielberg.// I first saw it / when I
スティーブン・スピルバーグ監督の　私はそれを初めて観ました　10歳くらいの

was about 10 years old / and it left a strong impression
時に　そして強烈な印象を受けました。

on me.// It is about an amusement park / full of
これは、テーマ・パークについてのお話です　クローン恐竜

cloned dinosaurs.// Just before the park opens, / the
がいっぱいいる。　開園直前に

owner invites a group of guests, / including his two
オーナーはゲストの一団を招待します　自分の孫２人を含む

grandchildren, / to look around.// But then / something
見学のために。　しかし　異常が起きて

goes wrong / and the dinosaurs get loose / and go on the
恐竜たちが（囲いから）逃げ出します　そして暴れ回ります。

英語の音声を聞きながら口まねする練習と、
英語の音声のあとのポーズで
英文を発声してみる練習です。

rampage.// Finally, / the guests have to try / to escape
最後に　ゲストたちは試みなければなりません　島からの脱出を。

from the island.//*1 The special effects are very good.//
特殊効果がすばらしいです。

The dinosaurs are realistic / and it is really scary at
恐竜が本物そっくりで　それに、ときどきすごく怖いです。

times.// But it is also exciting and funny.// The acting
ですが本当にエキサイティングで楽しい映画です。　演技も使われている

and soundtrack are really good.// It is a lot of fun.// I
音楽もとてもよいです。　とっても面白いです。

highly recommend it.//
かなりオススメですよ。

*1 映画や小説などのストーリー（筋書き）を語るときは、「現在形を使う」という決まりがある。ここでは、前ページ5行目～このページの2行目、Just before the park opens.... try to escape from the island. の部分が、映画のストーリー。すべて現在形を使っている。Just before the park <u>opened</u>, the owner <u>invited</u>... と過去形を使うのは誤り。

STEP3

Sight Translation
サイト・トランスレーション

1. 私のお気に入りの映画のひとつは、スティーブン・スピルバーグ監督のジュラシック・パークです。

2. 初めて観たのは10歳くらいの時ですが、強烈な印象を受けました。

3. これは、クローン恐竜がいっぱいいるテーマ・パークのお話です。

4. 開園直前に、オーナーは自分の孫２人を含むゲストの一団を招待します。見学のためです。

5. しかし異常が起きて、恐竜たちが（囲いから）逃げ出し、暴れ回ります。

6. 最後に、ゲストたちは島からの脱出を試みなければなりません。

7. 特殊効果がすばらしいです。恐竜が本物そっくりで、ときどきすごく怖いです。

8. ですが本当にエキサイティングで楽しい映画です。演技も使われている音楽もとてもよいです。とっても面白いです。かなりオススメですよ。

右の英語を隠し、左の日本語を見ながら、
前からどんどん英語で言う練習です。

1. One of my favorite movies is Jurassic park directed by Steven Spielberg.

2. I first saw it when I was about 10 years old and it left a strong impression on me.

3. It is about an amusement park full of cloned dinosaurs.

4. Just before the park opens, the owner invites a group of guests, including his two grandchildren, to look around.

5. But then something goes wrong and the dinosaurs get loose and go on the rampage.

6. Finally, the guests have to try to escape from the island.

7. The special effects are very good. The dinosaurs are realistic and it is really scary at times.

8. But it is also exciting and funny. The acting and soundtrack are really good. It is a lot of fun. I highly recommend it.

STEP4

Reproduction

イラストを見てリプロダクション

イラストを見ながら、英語で説明してみましょう。

5 But then

6 Finally
PARK

7

8 The cast and music are both great!

Lesson 05

Lesson 06

Social networking sites

交流サイト

STEP1

Quick Response
クイック・レスポンス

1.	フェイスブックを使っている	be on Facebook *1
2.	2、3年の間	for a couple of years *2
3.	そんなに多く～ない	not ～ that much
4.	主に	mainly
5.	（フェイスブックの）友達申請	friendship request
6.	～のおかげで	thanks to ～
7.	～できる	be able to ～ *7
8.	再び親しくなる、再び連絡を取る	get back in touch with ～ *8
9.	いくつかの	several
10.	昔の友達、旧友	friends from the past
11.	たとえば	for example
12.	メールを受け取る	get an email

CD1 16

*1 「フェイスブック上にいる」→「フェイスブックを利用している」
*2 類 for a few years 数年の間
*7 同 can ～ できる
*8 類 get in touch with ～ ～と連絡を取る

13. 小学校	elementary school
14. 引っ越す	move（house）
15. 連絡が途切れる	lose touch *15
16. ～かしらと思う	wonder
17. ～に起こる	happen to ～
18. とても素晴らしい	fantastic
19. ～から連絡をもらう	hear from ～ *19
20. （一緒に何かをするために）会う	meet up
21. ～を楽しみに待つ	look forward to ～
22. もし～がなければ	if it weren't for ～ *22
23. 交流サイト、SNS	social networking site
24. お互い	each other *24

*15 lose の活用は、lose-lost-lost。
*19 hear from ～ は「電話、手紙、メールなどで、誰かから連絡を受ける」という意味。
*22 同 without ～ ～がなければ
*24 同 one another お互い

STEP2

Shadowing & Repeating

シャドーイング&リピーティング

Shadowing CD1 17
Repeating CD1 18

I've been on Facebook / for a couple of years
私はフェイスブックを利用しています　ここ2、3年の間。

now.//*1 I don't use it that much.// Mainly, I just say, /
そんなに利用していません。　主に、私はただ返事をします

"Yes" or "No" to friendship requests / and send email, /
友達リクエストにイエスかノーの　またメールを送ったりします

but I think it's really useful.// Thanks to Facebook, / I
ですが、とても便利だと思います。　フェイスブックのおかげで

have been able to get back in touch / with several good
再び連絡が取れるようになりました　昔の親友何名かと。

friends from the past.//*2 For example, just last week / I
たとえば、ちょうど先週

got an email from my old, best friend / from elementary
私はなつかしい親友からメールをもらいました　小学生時代の。

school.// We were best friends / until we were nine years
私たちは親友でした　9歳まで。

*1 I am on Facebook. を現在完了形（have +過去分詞）にすると、I have been on Facebook.（私はずっとフェイスブックを使っています）となる。

*2 I am able to get back in touch... がもとの形。これを現在完了形にすると I have been able to get back in touch...（再び連絡が取れるようになった）となる。

**英語の音声を聞きながら口まねする練習と、
英語の音声のあとのポーズで
英文を発声してみる練習です。**

old.// Then her family moved house / and we lost touch.//
その後、彼女の家族が引っ越ししました　そして連絡がつかなくなりました。

I have often wondered / what happened to her / so it was
私はよく考えていました　彼女はどうしているかなと　ですから本当に

really fantastic / to hear from her.// We are going to meet
良かったです　彼女から連絡をもらえて。　私たちは会うことになっています

up / next month.// I am really looking forward to it.// If
来月に。　本当に楽しみです。

it weren't for social networking sites / like Facebook, /
ソーシャル・ネットワーキング・サイトがなかったら　フェイスブックのような

we would never have found / each other again.//*3
私たちは見つけることはなかったでしょう　二度とお互いを。

*3 without を使って次のように言ってもよい。Without social networking sites like Facebook, we would never have found each other again.
would + have +過去分詞は仮定法過去完了。「～しただろうに」。

STEP3

Sight Translation
サイト・トランスレーション

1. ここ2、3年、フェイスブックを利用しています。（といっても）そんなに利用しているわけではありません。

2. 主に、友達リクエストにイエスかノーの返事をしたり、メールを送ったりするだけですが、とても便利だと思います。

3. フェイスブックのおかげで、昔の親友何名かと再び連絡が取れるようになりました。

4. たとえば、ちょうど先週、私は小学生時代のなつかしい親友からメールをもらいました。

5. 私たちは9歳まで親友でした。その後、彼女の家族が引っ越しして、連絡がつかなくなりました。

6. 彼女はどうしているかなとよく考えていたので、連絡をもらえて本当に良かったです。

7. 私たちは来月会うことになっています。本当に楽しみです。

8. フェイスブックのようなソーシャル・ネットワーキング・サイトがなかったら、私たちは二度とお互いを見つけることはなかったでしょう。

右の英語を隠し、左の日本語を見ながら、前からどんどん英語で言う練習です。

1. I've been on Facebook for a couple of years now. I don't use it that much.

2. Mainly, I just say, "Yes" or "No" to friendship requests and send email, but I think it's really useful.

3. Thanks to Facebook, I have been able to get back in touch with several good friends from the past.

4. For example, just last week I got an email from my old, best friend from elementary school.

5. We were best friends until we were nine years old. Then her family moved house and we lost touch.

6. I have often wondered what happened to her so it was really fantastic to hear from her.

7. We are going to meet up next month. I am really looking forward to it.

8. If it weren't for social networking sites like Facebook, we would never have found each other again.

STEP4
Reproduction
イラストを見てリプロダクション

1

2 receive a friend request

send email

3

4 Last week

イラストを見ながら、英語で説明してみましょう。

5

6

7

8

Lesson 07

A new toy

新車がやって来る

STEP1

Quick Response
クイック・レスポンス

1.	銀色の	silver
2.	ハイブリッドカー	hybrid
3.	セダン型自動車《最も一般的なタイプ》	sedan
4.	革のシート	leather seat
5.	十分な足元のスペース	loads of legroom *5
6.	～を待つ	wait for ～
7.	経済的な、省エネの	economical *7
8.	低排出、低公害	low emissions
9.	環境に良い	good for the environment
10.	待つ価値がある	worth the wait
11.	快適な	comfortable
12.	（車が）運転しやすい	handle well

CD1 19

*5　loads of ～ = lots of ～「たくさんの～」
*7　類 economic 経済の

右の英語部分を隠し、左の日本語だけを見て、
英単語・フレーズを即座に言えるようにする練習です。

13. ～に満足する、気に入る	be pleased with ～
14. 妻	wife *14
15. 早起きする	get up early
16. 海岸まで車で行く、ドライブする	drive to the beach *16
17. 素晴らしい気分	great feeling
18. ～を心配する	worry about ～
19. バスと電車の時間	bus and train times
20. サーフィンをする	surf ［動］
21. ぶらつく、遊ぶ	hang out *21
22. 車で行く、立ち去る	drive off
23. 一日中	all day
24. その夜遅く	late that night

*14 類 husband 夫
*16 drive の活用は、drive-drove-driven。
*21 hang の活用は、hang-hung-hung。

STEP2

Shadowing & Repeating
シャドーイング&リピーティング

Shadowing CD1 20
Repeating CD1 21

I just bought a new car.// It was the first new car /
新車を購入しました。 初めての新車でした

I ever bought.//*1 It's a silver hybrid sedan / with black
私が購入した。 シルバーのハイブリッドセダンです 黒革のシートとイン

leather seats and interior / and loads of legroom.// I had
テリアで 足元はゆったりしている。 この車を

to wait six months for it / but I really wanted a hybrid /
半年間待たなければなりませんでした ですが、どうしてもハイブリッドがほしかったのです

because they are more economical / and have lower
なぜなら、（普通の車よりも）低燃費で 低排出で

emissions, / which is better for the environment.//*2 It
環境にいいからです。

was really worth the wait.// It's really comfortable / and
本当に待ったかいがありました。 とても快適です

handles really well.// I am very pleased with it.// Last
それに非常に運転しやすいです。 とても満足しています。

---

*1 It was the first new car (that) I ever bought. と関係代名詞 that が省略されている。

*2 この which は関係代名詞の継続用法で and it と言い換えられる。...,which is better for the environment. = ... and it is better for the environment.（そしてそれは環境により良い）

英語の音声を聞きながら口まねする練習と、
英語の音声のあとのポーズで
英文を発声してみる練習です。

Saturday morning, / my wife and I got up early, / jumped
先週の土曜の朝に 妻と私は早起きしました 車に飛び乗り

into the car / and drove to the beach.//*3 It was a great
ました そしてビーチまで車を走らせました。 何とも気分がいいもので

feeling / just to get up and drive off / without worrying /
した （朝）起きて車を走らせるのは 気にすることなく

about bus and train times.// We surfed / and hung out on
バスや電車の時間を。 私たちはサーフィンをしました 1日中、ビーチをぶら

the beach all day / and then drove home again / late that
ぶらしました そして車で家に戻りました その夜遅く。

night.// It was a really wonderful day.//
とても素敵な1日でした。

*3 「車に乗る」は get into (= in) the car が一番普通の言い方。ここは、got into the car としてもよい。ただし本文のように get を jump に替えて jumped into the car とすると「飛び乗る」という躍動感が出てくる。

STEP3

Sight Translation
サイト・トランスレーション

1. 新車を購入しました。私が購入した初めての新車です。

2. シルバーのハイブリッドセダンです。黒革のシートとインテリアで、足元はゆったりしています。

3. この車を半年間待たなければならなかったのですが、どうしてもハイブリッドがほしかったのです。（普通の車よりも）低燃費・低排出で、環境にいいからです。

4. 本当に待ったかいがありました。とても快適で、非常に運転しやすいです。とても満足しています。

5. 先週の土曜の朝に、妻と私は早起きをして車に飛び乗り、ビーチまで車を走らせました。

6. 何とも気分がいいものでした。（朝）起きて車を走らせるのは。バスや電車の時間を気にせずに。

7. 私たちは1日中、サーフィンをしてビーチをぶらぶらして過ごし、その夜遅く車で戻りました。とても素敵な1日でした。

右の英語を隠し、左の日本語を見ながら、
前からどんどん英語で言う練習です。

1. I just bought a new car. It was the first new car I ever bought.

2. It's a silver hybrid sedan with black leather seats and interior and loads of legroom.

3. I had to wait six months for it but I really wanted a hybrid because they are more economical and have lower emissions, which is better for the environment.

4. It was really worth the wait. It's really comfortable and handles really well. I am very pleased with it.

5. Last Saturday morning, my wife and I got up early, jumped into the car and drove to the beach.

6. It was a great feeling just to get up and drive off without worrying about bus and train times.

7. We surfed and hung out on the beach all day and then drove home again late that night. It was a really wonderful day.

STEP4

Reproduction

イラストを見てリプロダクション

1
2
3
4

イラストを見ながら、英語で説明してみましょう。

5

6

7

Lesson 08

A bitter experience

ニガい経験

STEP1

Quick Response
クイック・レスポンス

1.	決して忘れない	never forget *1
2.	夕食会	dinner party
3.	～のあとすぐに	shortly after ～ *3
4.	～に到着する	arrive in ～ *4
5.	ラタトゥイユ《フランスの野菜煮込み料理》	ratatouille
6.	野菜料理	vegetable dish
7.	～で作られる	(be) made of ～
8.	ズッキーニ《カボチャの一種》	zucchini
9.	トマト	tomato
10.	ナス	eggplant
11.	とてもよい匂いがする	smell great
12.	味わう、～の味がする	taste

CD1 22

*1 forget の活用は、forget-forgot-forgotten (or forgot)
*3 類 soon after ～ ～のあとまもなく
*4 arrive at ～ は「(狭い場所)に着く」、arrive in ～ は「(国、都市など広い場所)に着く」と区別する。

右の英語部分を隠し、左の日本語だけを見て、
英単語・フレーズを即座に言えるようにする練習です。

13. 苦（にが）い	bitter
14. ひどい、（食べ物が）まずい	terrible
15. 困った状態	awkward situation
16. まずい、ひどい味がする	taste bad
17. 礼儀正しくしようと努める	try to be polite
18. みなさん《男女ともに用いる》	guys
19. ひどい	awful *19
20. 笑い出す	start laughing *20
21. ピザを注文する	order a pizza
22. その代わりに	instead
23. 結局～ということがわかる	it turns out that ～
24. スーパー	supermarket
25. 似ている	look similar *25

*19 [同] terrible
*20 [同] start to laugh
*25 [類] look alike 似ている

STEP2

Shadowing & Repeating
シャドーイング＆リピーティング

I will never forget a dinner party / at my friend
私はあのディナーパーティのことを絶対に忘れないでしょう　友人のサラの家で開かれ

Sarah's house / shortly after she arrived in Japan.// She
た　彼女が日本に来てすぐのころに。　彼女は

made ratatouille for us, / which is a vegetable dish /
私たちに「ラタトゥイユ」を作ってくれました　それは野菜料理のことです

made of zucchini, tomatoes, eggplant etc.//*1 It looked and
ズッキーニ、トマト、ナスなどで作る。　見た目も匂いも、とて

Shadowing CD1 23

Repeating CD1 24

smelled great / but when I tasted it, / I got a real shock.//
もよかったです　が、少し口に入れてみて　ショックを受けました。

It was really bitter and just terrible.// It was an awkward
すごく苦くてまずかったです。　気まずい雰囲気でした

situation / because everyone around the table knew /it
なぜなら、テーブルを囲んでいた人たちはみんなわかっていたから

tasted bad / but no one wanted to say so.// We were all
それがマズいと　ですが誰もそんなことは言いたくありませんでした。　私たちはうわべを取り

*1 この which は継続用法の関係代名詞。and it で言い換えられる。= She made ratatouille for us, <u>and it</u> is a vegetable dish....

**英語の音声を聞きながら口まねする練習と、
英語の音声のあとのポーズで
英文を発声してみる練習です。**

trying to be polite / and eat it anyway!// But then Sarah
繕って（←礼儀正しく） ともかく食べようとしたのです！ しかしその時、サラが言い

said / ‘Guys, / this is awful, isn’t it?//*2 And we all started
ました 「ねぇみんな これマズくない？」 みんな笑いだしました

laughing / because it really tasted bad / and we ordered
本当にマズかったので そして私たちは代わりにピザ

a pizza instead.// It turned out / that Sarah couldn’t
を注文しました。 あとでわかったのです サラはスーパーでズッキーニを見つけ

find any zucchini in the supermarket / so she used *goya*
ることができませんでした そこで代わりにゴーヤを使いま

instead / because they look a little similar.// She didn’t
した 見た目がちょっと似ているので。 彼女は知りません

know / it was so bitter!//
でした ゴーヤがこんなに苦いということを。

*2 guy は普通「男」という意味だが、guys「みなさん」と呼びかけに使われると、男女両方に用いられる。

STEP3

Sight Translation
サイト・トランスレーション

1. あのディナーパーティのことを私は絶対に忘れないでしょう。友人のサラが日本に来てからすぐに彼女の家で開かれたパーティのことを。

2. 彼女は私たちに「ラタトゥイユ」を作ってくれました。それはズッキーニ、トマト、ナスなどで作る野菜料理のことです。

3. 見た目も匂いもとてもよかったのですが、少し口に入れてみると、ショックを受けました。すごく苦くてまずかったのです。

4. 気まずい雰囲気でした。テーブルを囲んでいた人たちはみんなマズいとわかっているけれど、誰もそんなことは言いたくないですから。

5. 私たちはみんな、うわべを取り繕って（←礼儀正しく）、ともかく食べようとしたのです！

6. しかしその時、サラが言いました「ねぇみんな、これマズくない？」。みんな笑いだしました。本当にマズかったのです。私たちは代わりにピザを注文しました。

7. あとでわかったのですが、サラはスーパーでズッキーニを見つけることができませんでした。そこで代わりにゴーヤを使ったのです。見た目がちょっと似ているので。彼女は、ゴーヤがこんなに苦いものとは知らなかったのです！

右の英語を隠し、左の日本語を見ながら、
前からどんどん英語で言う練習です。

1. I will never forget a dinner party at my friend Sarah's house shortly after she arrived in Japan.

2. She made ratatouille for us, which is a vegetable dish made of zucchini, tomatoes, eggplant etc.

3. It looked and smelled great but when I tasted it, I got a real shock. It was really bitter and just terrible.

4. It was an awkward situation because everyone around the table knew it tasted bad but no one wanted to say so.

5. We were all trying to be polite and eat it anyway!

6. But then Sarah said "Guys, this is awful, isn't it?" And we all started laughing because it really tasted bad and we ordered a pizza instead.

7. It turned out that Sarah couldn't find any zucchini in the supermarket so she used *goya* instead because they look a little similar. She didn't know it was so bitter!

STEP4

Reproduction

イラストを見てリプロダクション

イラストを見ながら、英語で説明してみましょう。

5

6

7

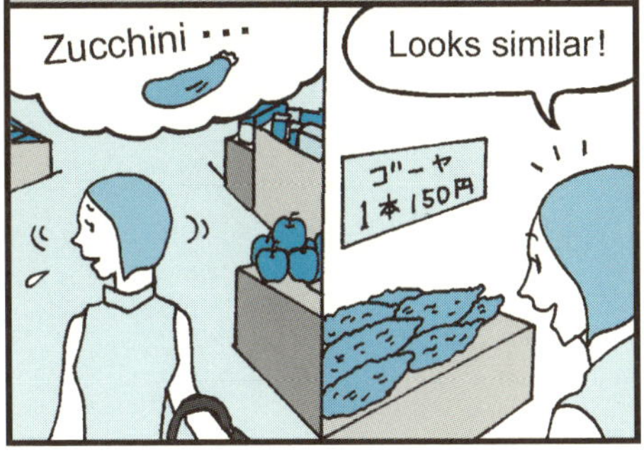

Lesson 09

Sorry, I missed your call

ごめん、電話に出れなくて。

STEP1

Quick Response
クイック・レスポンス

CD1 25

1.	あなたからの電話に出られない	miss your call
2.	先ほど、以前に	earlier
3.	会議中	be in a meeting
4.	電話に出る	answer the phone
5.	とにかく	anyway
6.	～してすみません	be sorry to *do*
7.	土壇場で、ぎりぎりになって	at the last moment
8.	～に間に合う、到着する	make it to ～
9.	婚約パーティー	engagement party *9
10.	結局	after all
11.	何かが起こる	something comes up *11
12.	職場で、会社で	at work

*9 類 wedding reception, wedding party 結婚披露宴
*11 come の活用は、come-came-come。

右の英語部分を隠し、左の日本語だけを見て、英単語・フレーズを即座に言えるようにする練習です。

13.	～のように見える、しそうだ	it looks like ～ *13
14.	会社に残る、とどまる	stay at the office
15.	解決する、整理する	sort out
16.	動けない、動かない	stuck ［形］ *16
17.	あと数時間	another few hours
18.	少なくとも	at least
19.	理解する、わかる	understand
20.	約束する	promise
21.	～に埋め合わせをする	make it up to ～
22.	～によろしく言う	say hello to ～
23.	あとで電話下さい。かけ直して。	Give me a call. *23
24.	またあとで（話しましょう）。	Speak to you later. *24

*13 it looks like のあとは、S+Vが続く。（例）It looks like it's going to rain.（雨が降りそうだ）

*16 stuck は日常会話の頻出語。（例）My car got stuck in the snow.（車が雪にはまって動かなくなった）

*23 同 Call me back. あとで電話をして。

*24 同 Talk to you later. またあとで。

STEP2

Shadowing & Repeating

シャドーイング&リピーティング

Shadowing CD1 26
Repeating CD1 27

Hi Katelyn, it's Mike here.// Sorry / I missed your
やあケイトリン、マイクだ。 悪かったね さっきは電話に出られな

call earlier.// I was in a meeting / and couldn't answer
くて。 会議中だった それで電話に出られなかった。

the phone.// Anyway, / I'm really sorry to do this / at the
とにかく こうするのは本当に申し訳ないと思う ギリギリの

last moment / but I don't think / I'll be able to make it / to
段階で でも、私は思わない 自分が間に合うと

Rob and Anna's engagement party tonight / after all.//*1
今夜のロブとアンナの婚約パーティに 結局のところ。

Something has come up at work / and it looks like / I'll
職場で用事ができたんだ どうも 私は

have to stay at the office / and sort it out.// I'll be stuck
オフィスに残らなければならないみたいだ そして片付けなくちゃならない。 私はオフィスから動

at the office / for another few hours / at least.// Anyway,
けない あと数時間は 少なくとも。 とにかく、本当

*1 can の未来形は、will be able to ～「～できるだろう」。I can make it ... を未来形にすると、I will be able to make it ... となる。

**英語の音声を聞きながら口まねする練習と、
英語の音声のあとのポーズで
英文を発声してみる練習です。**

I'm really sorry / but there's really nothing / I can do
にすまないと思う　けど、本当に何もない　私ができること

about it.//*2 I hope you understand.// I promise / I'll try
は。　わかってほしい。　約束する　あとで必ず

to make it up to you later.// Please say hello to Rob and
埋め合わせすることを。　ロブとアンナにも、僕の代わりに、よろしく言って

Anna for me.// I can answer my phone now / so give me
おいてほしい。　今は電話には出ることができる　だから折り返し電話

a call back / when you get this message.//*3 Speak to you
して　この伝言を聞いたら。　じゃあまたあとで。

later.// Bye.//
バイバイ。

*2 there's really nothing(that) I can do ... と関係代名詞の that が省略されている。
*3 give me a call back の代わりに、call me back（もっとも一般的な表現）または get back to me としてもよい。

STEP3

Sight Translation
サイト・トランスレーション

1. やあケイトリン、マイクだ。悪かったね、さっきは電話に出られなくて。会議中で電話に出られなかったんだ。

2. とにかく、ギリギリで本当に申し訳ないけれども、結局、今夜のロブとアンナの婚約パーティには間に合いそうにないんだ。

3. 職場で用事ができて（問題が起きて）、どうも今日はオフィスに残って片付けなくちゃならないみたいなんだ。少なくとも、あと数時間はオフィスから動けない。

4. とにかく、本当にすまないけれども、どうにもできないんだ。わかってほしい。

5. 約束するよ、あとで必ず埋め合わせすると。

6. ロブとアンナにも、僕の代わりに、よろしく言っておいてほしい。

7. 今は電話には出られるから、このメッセージを聞いたら折り返し電話してほしい。じゃあまたあとで。

右の英語を隠し、左の日本語を見ながら、
前からどんどん英語で言う練習です。

1. Hi Katelyn, it's Mike here. Sorry I missed your call earlier. I was in a meeting and couldn't answer the phone.

2. Anyway, I'm really sorry to do this at the last moment but I don't think I'll be able to make it to Rob and Anna's engagement party tonight after all.

3. Something has come up at work and it looks like I'll have to stay at the office and sort it out. I'll be stuck at the office for another few hours at least.

4. Anyway, I'm really sorry but there's really nothing I can do about it. I hope you understand.

5. I promise I'll try to make it up to you later.

6. Please say hello to Rob and Anna for me.

7. I can answer my phone now so give me a call back when you get this message. Speak to you later. Bye.

STEP4

Reproduction

イラストを見てリプロダクション

イラストを見ながら、英語で説明してみましょう。

5

I'll buy you a handbag.

6

7

Call me back!

Lesson 09

Lesson 10

Talking about movies

映画について

STEP1

Quick Response

クイック・レスポンス

1.	映画を見に行く	go to see a movie *1
2.	いつも買い物をしている	shop all the time
3.	お金を使う	spend money
4.	困ったこと（面倒なこと）になる	get into trouble
5.	人に～させる	make someone *do* *5
6.	現実的な、本物らしい	realistic
7.	場面	scene
8.	～することに決める	decide to *do*
9.	貯金する、お金を貯める	save money
10.	彼女の昼食（弁当）を会社に持参する	bring her lunch to work
11.	弁当（箱）	lunch box
12.	しかし	however

CD1 28

*1 同 go to the movies 映画に行く

*5 make, let, have を「使役動詞（～させる）」といい、make(let, have) +O+動詞の原形という形をとる。ただし「～させる」といっても make は「強制」、let は「許可、放任」、have「依頼」というニュアンスの違いがある。

右の英語部分を隠し、左の日本語だけを見て、
英単語・フレーズを即座に言えるようにする練習です。

13.	安い	cheap *13
14.	（値段が）高い、高価な	expensive
15.	ブランド物、有名デザイナーのもの	designer one
16.	（それに）釣り合う、似合った	matching［形］
17.	魔法瓶、保温水筒	thermos bottle *17
18.	携帯用ケース	carry case
19.	同じことをする	do the same thing
20.	私自身	myself
21.	過去に、昔	in the past
22.	結局、最後に	in the end
23.	うまく行く	work out well
24.	結婚する	marry *24
25.	金持ちの男性	rich guy

*13 同 inexpensive 費用のかからない、安価な
*17 同 thermos, thermos flask（←後者はイギリス英語）魔法瓶
*24 類 engage 婚約させる（普通 be engaged to ～ という形で使う）
反 divorce 離婚する

STEP2

Shadowing & Repeating

シャドーイング＆リピーティング

Shadowing CD1 29
Repeating CD1 30

I went to see a really good movie yesterday.// It's a comedy about a girl / who loves shopping.//*1 She shops all the time, / spends too much money / and gets into a lot of trouble.// It really made me laugh.// It is also very realistic.// In one scene, / the girl decides to save money / by bringing her lunch to work every day.// But she doesn't have a lunch box / so she goes to a store / to buy one.// However, / she doesn't buy a cheap lunch box, /

昨日、本当にいい映画を見に行きました。ある女の子のコメディです 買い物が大好きな。その女の子は買い物ばかりしている お金を使いすぎている そして、とても困った事態になります。本当に笑ってしまいました。また、とても現実味にあふれています。あるシーンで その女の子はお金を貯めようと決心します 毎日お弁当を会社に持参することで。しかしか彼女は、お弁当箱を持っていません そこで、お店に行きます お弁当箱を買うために。でも 彼女は安いお弁当箱を買わずに

*1 It's a comedy about a girl who ～ は、映画や物語を説明し始めるときの典型的な表現。It's a movie about a girl who ～ としてもよい。本であれば、It's a book (or story) about a girl who ～ とすればよい。

*2 2行目後半から次ページ3行目頭、She shops all time ... and some other things. の部分は、語り手の感想（It really made me laugh. など）を除けば、すべて現在形で語られている。映画や小説などのストーリー（筋書き）を語るときは、「現在形を使う」のが原則。

英語の音声を聞きながら口まねする練習と、
英語の音声のあとのポーズで
英文を発声してみる練習です。

she buys an expensive designer one.// She also buys a
高価なブランドものを買ってしまいます。 彼女はさらに、それに合った

matching thermos bottle, / a carry case / and some other
保温水筒を買います キャリーケース そして、その他の物を。

things.//*2 This scene made me laugh / because I have
このシーンで私は笑ってしまいました なぜなら、私自身、まった

done the same thing myself / in the past.// Anyway, / it
く同じことをしたことがあるからです 以前に。 とにかく

is a really funny film.// In the end / everything works
本当に面白い映画です。 最後には すべてがうまく行きます

out well / and she marries a very rich guy.//*3 I hope / the
彼女はすごいお金持ちの男性と結婚します。 私は望みます

same thing happens to me!//
同じことが私にも起こることを。

*3 In the end ... she marries a rich guy. この部分も映画のストーリーなので現在形を使っている。

STEP3

Sight Translation
サイト・トランスレーション

1. 昨日、本当にいい映画を見に行きました。買い物が大好きな女の子のコメディです。

2. その女の子は買い物ばかりしてお金を使いすぎ、とても困った事態になります。本当に笑ってしまいましたが、また、とても現実味にあふれていました。

3. あるシーンで、その女の子は毎日お弁当を会社に持参してお金を貯めようと決心します。しかし彼女は、お弁当箱を持っていなかったので、お店に買いに行きます。

4. でも、そこで安いお弁当箱を買わずに、高価なブランドものを買ってしまうのです。

5. 彼女はさらに、それに合った保温水筒とキャリーケース、その他の物を買ってしまいます。

6. このシーンで笑ってしまったのは、私自身、以前にまったく同じことをしたことがあるからです。

7. とにかく、本当に面白い映画です。最後にはすべてがうまく行って、彼女はすごいお金持ちの男性と結婚します。

8. 同じことが私にも起こるといいのに！

右の英語を隠し、左の日本語を見ながら、
前からどんどん英語で言う練習です。

1. I went to see a really good movie yesterday. It's a comedy about a girl who loves shopping.

2. She shops all the time, spends too much money and gets into a lot of trouble. It really made me laugh. It is also very realistic.

3. In one scene, the girl decides to save money by bringing her lunch to work every day. But she doesn't have a lunch box so she goes to a store to buy one.

4. However, she doesn't buy a cheap lunch box, she buys an expensive designer one.

5. She also buys a matching thermos bottle, a carry case and some other things.

6. This scene made me laugh because I have done the same thing myself in the past.

7. Anyway, it is a really funny film. In the end everything works out well and she marries a very rich guy.

8. I hope the same thing happens to me!

STEP4

Reproduction

イラストを見てリプロダクション

イラストを見ながら、英語で説明してみましょう。

5

6

7

8

Lesson 11

A wonderful holiday

素敵な休日

STEP1

Quick Response
クイック・レスポンス

1.	時差ぼけの	jet lagged ［形］ *1
2.	休暇から戻る	come back from vacation
3.	ゴールドコースト《オーストラリア》	the Gold Coast
4.	楽しく過ごす	have a good time *4
5.	家族経営のホテル	family-run hotel
6.	海岸で、浜辺で	on the beach
7.	所有者	owner
8.	好意的な、親切な	friendly
9.	天気	weather
10.	晴れた、陽がよくあたる	sunny *10
11.	よく透き通った	crystal-clear
12.	～して私たちの時間を過ごす	spend our time *doing* *12

CD1 31

*1 名 jet lag 時差ぼけ（例）I still have jet lag.（まだ時差ぼけが取れません）
*4 同 enjoy oneself 楽しむ
*10 類 cloudy 曇った
類 rainy 雨降りの
*12 spend の活用は、spend-spent-spent。

右の英語部分を隠し、左の日本語だけを見て、
英単語・フレーズを即座に言えるようにする練習です。

13.	シュノーケルを使って水面を泳ぐ	snorkel ［動］
14.	くつろぐ	relax
15.	最終日に	on the last day
16.	周遊する、見物する	go on a tour
17.	クジラ観察	whale watching
18.	母子クジラ	a mother and baby whale
19.	～のすぐ近くに来る	come right up to ～
20.	～の隣で泳ぐ	swim next to ～ *20
21.	生きている	live ［形］ *21
22.	すぐ近くで	up close
23.	素晴らしい経験	magical experience
24.	覚えている	remember
25.	このあと一生の間	for the rest of my life *25

*20 swim の活用は、swim-swam-swum。
*21 反 dead 死んだ　類 alive 生きている
*25 rest は「残り」という意味。

STEP2

Shadowing & Repeating
シャドーイング&リピーティング

Shadowing CD1 32
Repeating CD1 33

I'm feeling a little jet lagged today.// I just came
今日はちょっと時差ボケです。 私はちょうど休暇か

back from vacation.// I went to the Gold Coast / with
ら戻ってきたところです。 私はゴールドコーストへ行きました 家族と一

my family.// We had a really good time.// We stayed /
緒に。 とても楽しかったです。 私たちは宿泊しました

in a small, family-run hotel / right on the beach.// The
小さい家族経営のホテルに ビーチに面している。

owners were really kind and friendly / and the food
オーナーはとても親切でフレンドリーでした それに料理もおいしかっ

was great.// The weather was beautiful, / really hot and
たです。 天気は最高でした 本当に暑く晴れていまし

sunny, / and the water was crystal clear.// We spent most
た そして海の水は澄んで透明でした。 私たちはほとんどの時間を

of our time on the beach / swimming and snorkeling /
ビーチで過ごしました 泳いだりシュノーケリングをしたり

and just relaxing.// On the last day / we went on a whale
ただくつろいだりして。 最後の日には 私たちはクジラ見学ツアーに参加し

watching tour.// We were really lucky / because a mother
ました。 私たちはとてもラッキーでした なぜなら、母クジラと子クジラ

and baby whale / came right up to our boat / and swam
が ボートに近づいてきました そして私たちの隣

next to us.//*1 It was my first time / to see a real, live
で泳いでくれたからです。 私は初めてでした 本物の、生きているクジラを見た

whale / up close.//*2 It was a magical experience.// I will
のは すぐ近くで。 うっとりするような体験でした。 私は覚え

remember it / for the rest of my life.// I really want to go
ているでしょう このあと一生の間。 ぜひとももう一度行きたいです

back again / next year.//
来年も。

*1 a mother and baby whale「母子クジラ」は、a mother whale「母クジラ」と a baby whale「赤ちゃんクジラ」を一つにまとめた表現。

*2 alive は be動詞のあとに置き（叙述的）、live は名詞の前に置く（限定的）という違いがある。（例）The fish is still alive.（その魚はまだ生きている） live fish（生きている魚）

STEP3

Sight Translation
サイト・トランスレーション

1. 今日はちょっと時差ボケです。私はちょうど休暇から戻ってきたところです。家族と一緒にゴールドコーストへ行きました。とても楽しかったです。

2. 私たちは、ビーチに面した、小さい家族経営のホテルに宿泊しました。

3. オーナーはとても親切でフレンドリー。料理もおいしかったです。

4. 天気は最高で、暑く晴れていて、海の水は澄んで透明でした。

5. 私たちはほとんどの時間をビーチで過ごしました。泳いだりシュノ—ケリングをしたり、ただくつろいで。

6. 最後の日には、クジラ見学ツアーに参加しました。

7. 私たちはとてもラッキーでした。母クジラと子クジラがボートに近づいてきて、私たちの隣で泳いでくれたんです。初めてでした。すぐ近くで、本物の、生きているクジラを見たのは。うっとりするような体験でした。

8. 一生忘れないでしょう。来年も、ぜひとも行きたいです。

右の英語を隠し、左の日本語を見ながら、
前からどんどん英語で言う練習です。

1. I'm feeling a little jet lagged today. I just came back from vacation. I went to the Gold Coast with my family. We had a really good time.

2. We stayed in a small, family-run hotel right on the beach.

3. The owners were really kind and friendly and the food was great.

4. The weather was beautiful, really hot and sunny, and the water was crystal clear.

5. We spent most of our time on the beach swimming and snorkeling and just relaxing.

6. On the last day we went on a whale watching tour.

7. We were really lucky because a mother and baby whale came right up to our boat and swam next to us. It was my first time to see a real, live whale up close. It was a magical experience.

8. I will remember it for the rest of my life. I really want to go back again next year.

STEP4

Reproduction

イラストを見てリプロダクション

1

2

3

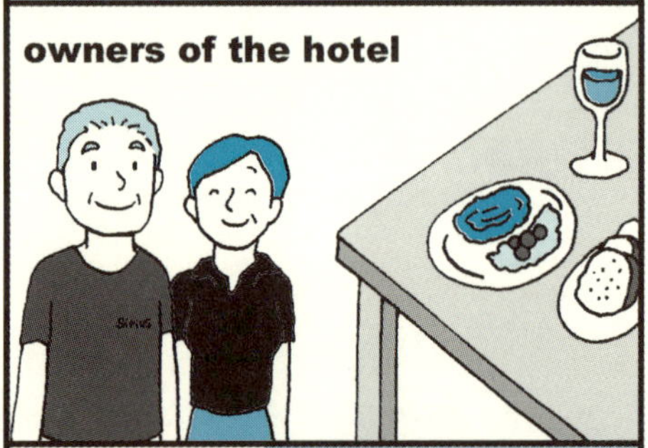

4

イラストを見ながら、英語で説明してみましょう。

5

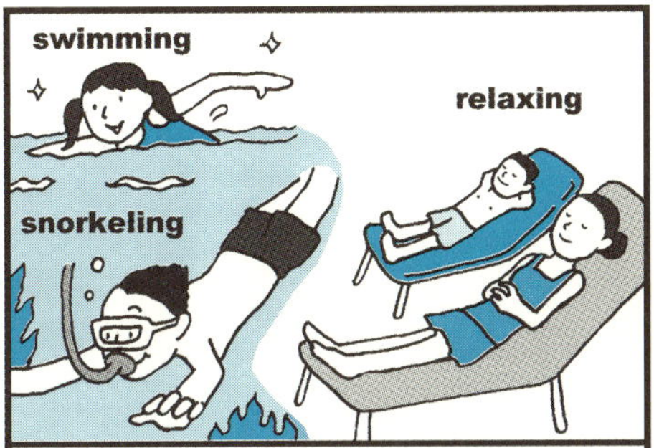

6

7

8

Lesson 12

Tea ceremony

茶の湯教室

STEP1

Quick Response
クイック・レスポンス

1. 人を～に招待する	invite someone to ～
2. 茶道、茶の湯	tea ceremony
3. ～が開催される、行われる	be held
4. 地元の	local
5. 公民館	community center
6. ～について話す	talk about ～
7. 歴史	history
8. ～の仕方	how to *do*
9. ふすま、引き戸	sliding door *9
10. 頭を下げる、お辞儀する	bow
11. ～に入る	enter
12. 出る、立ち去る	exit ［動］ *12

CD2 01

*9 sliding door は「障子」の意味でも使われる。
*12 同 leave, go out

右の英語部分を隠し、左の日本語だけを見て、
英単語・フレーズを即座に言えるようにする練習です。

13.	正しく	correctly
14.	複雑な	complicated ［形］ *14
15.	上級の、進歩した	advanced ［形］ *15
16.	（儀式などを）行う	perform
17.	面白い、興味深い	interesting
18.	～するのが難しいとわかる	find it hard to *do*
19.	床(ゆか)に座る	sit on the floor
20.	私の足がしびれる	My legs go to sleep. *20
21.	～するのに苦労する	have trouble *doing*
22.	立ち上がる	stand up
23.	～の終わりに	at the end of ～
24.	その集団に入る、入会する	join the group

*14 同 complex 複雑な
*15 同 higher-level 高度な、より進んだ
*20 同 My legs go numb. 私の足がしびれる

STEP2

Shadowing & Repeating

シャドーイング&リピーティング

Shadowing CD2 02
Repeating CD2 03

One of my friends invited me / to a tea ceremony
友人の一人が私を誘ってくれました 昨日、茶道の授業に。

lesson yesterday.// I didn't know anything / about tea
私は何も知らなかったです 茶道について

ceremony / but I decided to go anyway.// The lesson
ですが、とにかく行くことに決めました。 授業は開催されまし

was held / in our local community center.// The teacher
た 地元のコミュニティセンターで。 先生はとても親切な人

was really nice.// First he talked about the history / of
でした。 まず、先生は歴史について話してくれました

tea ceremony.// Then he showed us / how to open and
茶道の。 そして、先生は見せてくれました ふすまの開け閉めの方法

close the sliding doors, / walk on the *tatami* mats, /
畳の歩き方

how to bow / and how to enter and exit the tea room /
お辞儀の仕方 茶室への入り方・出方

**英語の音声を聞きながら口まねする練習と、
英語の音声のあとのポーズで
英文を発声してみる練習です。**

correctly.//*1 I never knew / it was so complicated!// After
正しい。 私は知りませんでした こんなに複雑だったとは。 それから

that, / we watched some of the more advanced students /
私たちは先輩方の様子を見学しました

performing tea ceremony.//*2 It was really interesting /
茶道を実際にやっている。 とても面白かったです

but I found it quite hard / to sit on the floor / in "*seiza*"
しかし、かなり大変だと思いました 床に座るのは 「正座」で

position / for such a long time!// Both my legs went
あんなに長い時間。 私の両足はしびれてしまいました

to sleep / and I had trouble standing up / at the end of
立ち上がるのに苦労しました 授業が終わったとき。

the lesson.//*3 Still, I really enjoyed the lesson / and I'm
それでも、授業はとても楽しかったです 私は茶道教室

thinking about joining the group / next month.//
に入会しようかと思っています 来月に。

*1 「部屋から出る」は普通、leave (go out of) the room という。enter and leave the tea room としてもよいが、本文では enter and exit the room（部屋を出入りする）という formal な決まり文句を使っている。
*2 watch + O + *doing* で「Oが～しているのをじっと見る」。watch は知覚動詞。
*3 Both my legs went numb. としてもよい。numb の読み方は、ナム。

STEP3

Sight Translation
サイト・トランスレーション

1. 昨日、友人の一人が私を茶道の授業に誘ってくれました。私は茶道については何にも知らなかったのですが、とにかく行くことに決めました。

2. 授業は、地元のコミュニティセンターで開催されました。先生はとても親切な人でした。

3. まず、先生は茶道の歴史について話してくれました。

4. そして、ふすまの開け閉めの方法、畳の歩き方、お辞儀の仕方、茶室の正しい入り方・出方を教えてくれました。こんなに複雑だとは知りませんでした！

5. それから、先輩の生徒数名が茶道を実際にやっている様子を見学しました。

6. とても面白かったのですが、あんなに長い時間「正座」で座っているのはかなり大変だと思いました。

7. 私の両足はしびれてしまって、授業が終わってから立ち上がるのに苦労しました。

8. それでも、授業はとても楽しかったので、来月には茶道教室に入会しようかと思っています。

右の英語を隠し、左の日本語を見ながら、
前からどんどん英語で言う練習です。

1. One of my friends invited me to a tea ceremony lesson yesterday. I didn't know anything about tea ceremony but I decided to go anyway.

2. The lesson was held in our local community center. The teacher was really nice.

3. First he talked about the history of tea ceremony.

4. Then he showed us how to open and close the sliding doors, walk on the *tatami* mats, how to bow and how to enter and exit the tea room correctly. I never knew it was so complicated!

5. After that, we watched some of the more advanced students performing tea ceremony.

6. It was really interesting but I found it quite hard to sit on the floor in "*seiza*" position for such a long time!

7. Both my legs went to sleep and I had trouble standing up at the end of the lesson.

8. Still, I really enjoyed the lesson and I'm thinking about joining the group next month.

STEP4

Reproduction

イラストを見てリプロダクション

1
2
3
4

イラストを見ながら、英語で説明してみましょう。

A slave driver

人使いの荒いヤツ

STEP1

Quick Response
クイック・レスポンス

1. 嫌な一日を過ごす	have a bad day *1
2. （直属の）上司	boss
3. 〜の前で	in front of 〜
4. （ある部署の）社員全員	the whole office *4
5. つづりの間違いをする	make a spelling mistake
6. とても小さい、ちっぽけな	tiny
7. 報告書	report
8. （物が）気まずい思いをさせる	embarrassing［形］
9. 忍耐の限界、万策尽きて	at the end of my rope
10. 〜してからずっと	ever since 〜
11. （職を）引き継ぐ	take over
12. 〜を嫌う	hate

CD2 04

*1 反 have a good day 良い一日を過ごす

*4 office は「会社」や「部屋」の意味で使うのが普通だが、ここでは「全従業員」という意味で使われている。

右の英語部分を隠し、左の日本語だけを見て、英単語・フレーズを即座に言えるようにする練習です。

13.	仕事に行く、職場へ行く	go to work
14.	～もない	not ～ either *14
15.	そのように感じる	feel that way
16.	人使いの荒い人	slave driver
17.	つまり、私が言いたいのは	I mean
18.	残業する	work overtime *18
19.	給料なしで	without pay
20.	これから先、今後	from now on
21.	人に～してもらいたい	want someone to *do*
22.	職場の会議	staff meeting
23.	疲れ果てた	exhausted ［形］ *23
24.	（職を）辞める	quit ［動］ *24

*14 too, also「～もまた」を否定にすると、not ～ either となる。（例）I am coming, too.（私も行きます）→ I'm not coming, either.（私も行きません）
*18 類 overwork 過労、過度に働かせる
*23 同 very tired とても疲れて
*24 quit の活用は、quit-quit-quit。

STEP2

Shadowing & Repeating

シャドーイング＆リピーティング

Shadowing CD2 05

Repeating CD2 06

I had a really bad day / at work today.// My new
とても嫌なことがありました　今日は仕事で。　新しい上司の

boss Mr. James / shouted at me again / in front of the
ジェームズが　私をまた叱り飛ばしました　みんなのいる前で

whole office / just because I made one tiny spelling
私がささいなスペルミスをひとつしたというだけで

mistake / on a report.//*1 It was really embarrassing.//
報告書に。　本当に恥ずかしかったです。

I am really at the end of my rope.// Ever since he took
ほとほと困り果てています。　先月に、彼が前任者から引き継いで

over last month, / I've really hated / going to work every
からずっと　私は本当にイヤでイヤでたまりません　毎日出勤するのが。

day.// And it's not just me / who feels that way either.//*2
私だけではありません　そのように思っているのは。

All the staff feel the same way.// Everyone's really
社員はみんな同じように感じています。　みんな本当に困っています。

*1 office は、「全従業員」の意味。ここでは、in front of the whole office を in front of the whole staff としてもよい。

*2 it is not just A who ～「～するのはAだけではない」は強調構文。とりあえず決まり文句として覚えよう。

英語の音声を聞きながら口まねする練習と、
英語の音声のあとのポーズで
英文を発声してみる練習です。

upset.// He's a real slave driver!// I mean, / first, he
彼は本当に人使いの荒いヤツです！ つまり まず、彼は私た

made us all work overtime every day / for two weeks – /
ち全員に毎日残業させました ２週間のあいだ――

without pay of course.// Then, he said / that we all have
もちろん残業代はなしで。 それから彼は言いました 全員出勤しなければならない

to work / on Saturdays every week / from now on.//*3
毎週土曜日に 今後は。

And now, he wants us / to come to the office / at 7 am
今では、彼は私たちに要求します 出勤することを 毎朝７時に

every day / for a staff meeting.// I'm exhausted....// I'd
スタッフミーティングのために。 もうヘトヘトです…。 辞め

like to quit / but I need the money.//
たいです けど、お金も必要です。

*3 on Saturdays every week は、単に every Saturday あるいは on Saturdays といってもよい。

STEP3

Sight Translation
サイト・トランスレーション

1. 今日は仕事でとても嫌なことがありました。新しい上司のジェームズがみんなの前で、私をまた叱り飛ばしたのです。報告書にささいなスペルミスがひとつあっただけなのに。本当に恥ずかしかったです。

2. ほとほと困り果てています。先月、彼が上司になって（←前任者から引き継いで）からずっと、毎日出勤するのがイヤでイヤでたまりません。

3. そう思っているのは私だけではありません。社員はみんな同じように感じています。みんな本当に困っています。

4. 彼は本当に人使いの荒いヤツなんです！　どういうことかというと、まず、彼は私たち全員に２週間、毎日残業させました――もちろん残業代はなし。

5. それから、今後はみんな毎週土曜日も出勤しなければならない、と言ったのです。

6. 今では、毎朝７時に出勤しろという始末です。スタッフミーティングのために。

7. もうヘトヘトです…。辞めたいけどお金も要るしなあ。

右の英語を隠し、左の日本語を見ながら、
前からどんどん英語で言う練習です。

1. I had a really bad day at work today. My new boss Mr. James shouted at me again in front of the whole office just because I made one tiny spelling mistake on a report. It was really embarrassing.

2. I am really at the end of my rope. Ever since he took over last month, I've really hated going to work every day.

3. And it's not just me who feels that way either. All the staff feel the same way. Everyone's really upset.

4. He's a real slave driver! I mean, first, he made us all work overtime every day for two weeks – without pay of course.

5. Then, he said that we all have to work on Saturdays every week from now on.

6. And now, he wants us to come to the office at 7 am every day for a staff meeting.

7. I'm exhausted.... I'd like to quit but I need the money.

STEP4

Reproduction

イラストを見てリプロダクション

1

2

3

4

イラストを見ながら、英語で説明してみましょう。

5

6

7

I want to be fit!

健康なカラダづくりをしたい！

STEP1

Quick Response
クイック・レスポンス

1. 最近	recently
2. 疲れて	tired
3. (運動不足で) 不健康な	unfit *3
4. ～を見る	look at ～
5. 私の近所に	in my neighborhood
6. うまいタイミング	good timing
7. 入会無料	free membership
8. 運動、キャンペーン	campaign
9. ～の支払いをする	pay for ～
10. 前もって	in advance
11. 初めて	for the first time
12. まず最初に	first of all

CD2 07

*3 反 fit (規則的な運動のおかげで)健康で、良い体調で。fit は healthy, in good health とほぼ同じ意味だが、規則的にトレーニングをして体調が良い、というニュアンス。unfit は逆に運動不足で体調が悪い、という意味。

右の英語部分を隠し、左の日本語だけを見て、
英単語・フレーズを即座に言えるようにする練習です。

13.	ウエイト・トレーニングをする	do weight training
14.	ルーム・ランナー	running machine
15.	エアロビクス	aerobics
16.	大きな間違い	big mistake
17.	チラシ、パンフレット	leaflet *17
18.	初心者	beginner
19.	（ダンスの）ステップを踏む	do the steps
20.	愚かな	stupid
21.	筋肉	muscle
22.	足（太ももの付け根から下）	leg *22
23.	（体が）痛い	ache［動］
24.	～することを楽しみにする	look forward to *doing*

*17 同 brochure, pamphlet

*22 「足」といっても、foot は足首から下の部分、leg は太ももの付け根から足首までの部分を指す。

STEP2

Shadowing & Repeating

シャドーイング&リピーティング

Shadowing CD2 08
Repeating CD2 09

Recently, I've been feeling / really tired and unfit /
最近、私は感じていました　とても疲れていて体調が良くないと

so I decided to join a sports club.//*1 I looked at several
そこで、スポーツクラブに入会することにしました。　私はいくつかのクラブを調べまし

clubs / in my neighborhood / and in the end / I decided
た　近所にある　そして最終的に　新しいクラブに入

to join a new club / near my house.// It was good timing /
会することにしました　家の近くにある。　いいタイミングでした

as they were having a free membership campaign / and
というのも、入会金無料キャンペーンをやっていたからです　私は

I only had to pay / for one month in advance.// I went
払っただけですみました　1ヶ月分の会費をあらかじめ。　私はそのク

to the club / for the first time last Saturday.// First of
ラブに行きました　このまえの土曜日に初めて。　まず最初に

all / I did some weight training / and used the running
私はウエイト・トレーニングをしました　そしてランニングマシンを使いました。

*1 I've been feeling ... は、現在完了進行形(have + been + *doing*)で「ずっと〜している」。
(例)I have been studying English for the past five years.(私は過去5年間英語を勉強しています)

**英語の音声を聞きながら口まねする練習と、
英語の音声のあとのポーズで
英文を発声してみる練習です。**

machine.// That was OK.// But then / I decided to try
それは問題なかったです。 ですが次に 私はエアロビクスのクラスに

an aerobics class.// That was a big mistake!// It said on
挑戦しようと決めました。 それが大きな間違いでした! パンフレットには

the leaflet / that the class was for beginners / but it was
書いてありました そのクラスは初心者向けだと しかしすごく難し

really difficult.// I couldn't do any of the steps / and
かったです。 私は全くステップが踏めませんでした いった

I felt really stupid.// I don't think / I'm going to try it
い自分は何をやっているんだろうと思いました。 私は思いません 再びエアロビクスに挑戦しようと

again.//*2 The next day / the muscles in my legs really
は。 翌日 私の足はひどい筋肉痛でした

ached, / but I'm looking forward to going again / next
ですが、私はまた行くのを楽しみにしています 来週の

Saturday.//
土曜日に。

*2 I don't think I am going to try it again. は I think I am not going to try it again. としても意味は同じ。しかし、英語では I don't think と前の部分で否定する方が普通。

STEP3

Sight Translation
サイト・トランスレーション

1. 最近、とても疲れていて体調が良くなかったので、スポーツクラブに入会することにしました。

2. 近所のクラブをいくつか調べて、最終的に家の近くにある新しいクラブに入会することにしました。

3. いいタイミングでした。ちょうど入会金無料キャンペーンをやっていて、1ヶ月分の会費を前払いしただけですみました。

4. この土曜日に、初めてそのクラブに行きました。まず最初に、私はウエイト・トレーニングをし、ランニングマシンを使いました。それは問題なかったです。

5. が、次にエアロビクスのクラスに挑戦しようと決めたのです。それが大きな間違いでした！　パンフレットには、初心者向けクラスと書いてあったのですが、すごく難しかったのです。

6. 私は全くステップが踏めず、いったい自分は何をやっているんだろう（←ばかみたいだな）と思いました。もう二度とエアロビクスには挑戦しないと思います。

7. 翌日、足はひどい筋肉痛でしたが、来週の土曜日もクラブへ行くのを楽しみにしています。

右の英語を隠し、左の日本語を見ながら、
前からどんどん英語で言う練習です。

1. Recently, I've been feeling really tired and unfit so I decided to join a sports club.

2. I looked at several clubs in my neighborhood and in the end I decided to join a new club near my house.

3. It was good timing as they were having a free membership campaign and I only had to pay for one month in advance.

4. I went to the club for the first time last Saturday. First of all I did some weight training and used the running machine. That was OK.

5. But then I decided to try an aerobics class. That was a big mistake! It said on the leaflet that the class was for beginners but it was really difficult.

6. I couldn't do any of the steps and I felt really stupid. I don't think I'm going to try it again.

7. The next day the muscles in my legs really ached, but I'm looking forward to going again next Saturday.

STEP4

Reproduction

イラストを見てリプロダクション

1

2

3

4

イラストを見ながら、英語で説明してみましょう。

5

6

7

Lesson 15

A dream home

夢のわが家

STEP1

Quick Response
クイック・レスポンス

1.	以前は〜した（今はしない）	used to *do* *1
2.	〜の真ん中に	in the middle of 〜
3.	〜に囲まれている	be surrounded by 〜
4.	〜へ引っ越す	move to 〜
5.	明るい	bright
6.	５階にある	on the 5th floor
7.	現代風の、近代的な	modern
8.	アパート、マンション（の建物）	apartment building *8
9.	郊外	suburban area
10.	屋上テラス	roof terrace
11.	眺め	view［名］
12.	便利な	convenient

CD2 10

*1 形が似ている表現に be used to 〜 があるが、これは「〜に慣れている」という意味。〜の部分には動詞ではなく、名詞・動名詞が来る。（例）I am not used to public speaking.（私は人前で話すことには慣れていません）

*8 同 apartment house　アパートの一室は、apartment または flat（イギリス英語）という。

右の英語部分を隠し、左の日本語だけを見て、英単語・フレーズを即座に言えるようにする練習です。

13.	ショッピングセンター	shopping center
14.	～の隣に、隣の家に	next door to ～
15.	通知、お知らせ	notice［名］
16.	郵便受け	mailbox
17.	（建物を）取り壊す	demolish *17
18.	10階建ての～	10-story ～ *18
19.	娯楽	entertainment
20.	複合ビル、共同ビル	complex［名］
21.	私は～と思う	I guess ～
22.	～したほうがよい	had better
23.	貯金する	save (up)

*17 同 destroy

*18 story は「（建物の）階」。このように「～階建ての」という語句が、形容詞的に用いられると story は単数形になる。10-stories とはならないことに注意。（例）a five-story building（5階建てのビル）

STEP2

Shadowing & Repeating

シャドーイング&リピーティング

Shadowing CD2 11

Repeating CD2 12

My wife and I used to live / in a small, old,
妻と私は以前、住んでいました 狭くて古いアパートの一室に

apartment / in the middle of town.// It was surrounded
町中にある。 アパートは高いビルに囲まれてい

by tall buildings / so it was very dark.// We really
ました ですからとても暗かったです。 私たちは、どうし

wanted to move / to a brighter, newer apartment / so we
ても引越ししたかったのです もっと明るくて新しいアパートに ですから一

saved really hard / for several years / and 2 years ago /
生懸命貯金をしました 数年のあいだ そして2年前に

we moved into a very nice apartment.// It is on the 5th
本当に素敵なアパート(の一室)に引っ越しました。 部屋は5階にあります

floor / of a modern apartment building / in a suburban
モダンなマンションの 郊外にある。

area.// We have a big roof terrace / with a fantastic
広い屋上テラスがあります 素晴らしい眺めの

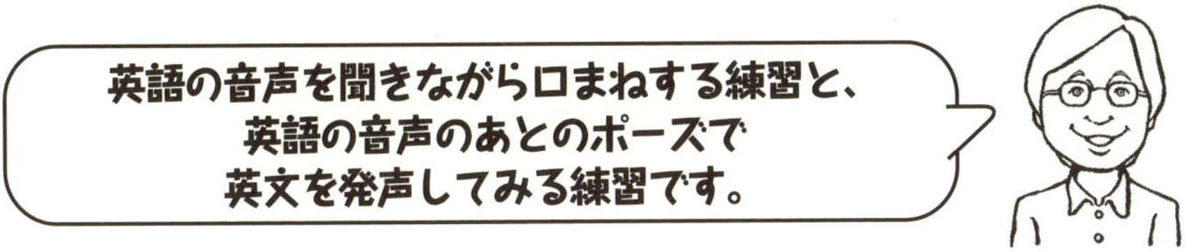

view / and it is also very convenient / as there is a small
また、非常に便利です　小さいショッピングセンターがあ

shopping center / next door to our building.// We are
るから　マンションの隣に。　ここに住めて

really happy here.// But last week, / we received a notice /
とても幸せです。　ところが先週　私たちは一通の通知を受け取りました

in our mailbox.// It said / they are going to demolish
郵便受けに。　それには書いてありました　ショッピングセンターを取り壊す

the shopping center / and build / a 10-story office and
そして建設する　事務所と娯楽施設が入居する10階建て

entertainment complex / next to our building.//*1 I guess /
の総合ビルを　私たちのマンションの隣に。　私は思います

we had better start saving up / to move again.//
私たちは貯金を始めた方がよさそうだと　また引っ越すために。

*1 It（= the notice）said they are going to demolish ... この they は「（一般に）人々」という意味。私とあなた以外の漠然とした人々を指す。日常会話では頻出する。（例）They also sell notebooks at the stationery store.（その文房具屋では、ノートも売っている）

STEP3

Sight Translation
サイト・トランスレーション

1. 妻と私は以前、町中にある、狭くて古いアパートの一室に住んでいました。高いビルに囲まれていて、とても暗かったです。

2. 私たちは、どうしてももっと明るくて新しいアパートに移りたくて、数年間一生懸命貯金をしました。そして2年前に、本当に素敵なアパート（の一室）に引っ越しました。

3. 部屋は、郊外のモダンなマンションの５階にあります。

4. 広い屋上テラスがあって眺めが素晴らしいです。また、マンションの隣には小さいショッピングセンターがあって非常に便利です。ここに住めてとても幸せです。

5. ところが先週、一通の通知が郵便受けに届きました。

6. それにはこう書いてありました。ショッピングセンターを取り壊し、事務所と娯楽施設が入居する10階建ての総合ビルをマンションの隣に建設する、と。

7. どうやら、また、引っ越しのための貯金を始めた方がよさそうです。

右の英語を隠し、左の日本語を見ながら、
前からどんどん英語で言う練習です。

1. My wife and I used to live in a small, old, apartment in the middle of town. It was surrounded by tall buildings so it was very dark.

2. We really wanted to move to a brighter, newer apartment so we saved really hard for several years and 2 years ago we moved into a very nice apartment.

3. It is on the 5th floor of a modern apartment building in a suburban area.

4. We have a big roof terrace with a fantastic view and it is also very convenient as there is a small shopping center next door to our building. We are really happy here.

5. But last week, we received a notice in our mailbox.

6. It said they are going to demolish the shopping center and build a 10-story office and entertainment complex next to our building.

7. I guess we had better start saving up to move again.

STEP4

Reproduction

イラストを見てリプロダクション

1
2
3
4

イラストを見ながら、英語で説明してみましょう。

5 But last week

6

7 We need to save money again.

Lesson 15

Lesson 16

The zombies are coming!

ゾンビが来る！

STEP1

Quick Response
クイック・レスポンス

1.	恥ずかしい経験	embarrassing experience
2.	遅くまで起きている	stay up late
3.	恐怖映画	horror movie
4.	大学に到着する	arrive at college
5.	座る、着席する	sit down
6.	～の後ろに	at the back of ～
7.	教室	classroom
8.	講義	lecture
9.	退屈な	boring *9
10.	眠い、眠気がさす	feel sleepy *10
11.	頭を机の上に載せる	rest my head on the desk
12.	眠る、寝入る	fall asleep *12

CD2 13

*9 boring は、「(物が)退屈させる、退屈な」という意味だが、bored は「(人が)退屈した」。(例) I am bored. Let's go home. (退屈したから、帰りましょう)

*10 feel の活用は、feel-felt-felt。

*12 fall の活用は、fall-fell-fallen。

右の英語部分を隠し、左の日本語だけを見て、英単語・フレーズを即座に言えるようにする練習です。

13. 悪夢	bad dream ＊13
14. 追いかける	chase
15. ゾンビ	zombie
16. 理解する、わかる	realize
17. 干し草用の熊手	pitchfork ＊17
18. 逃げる、走り去る	run away ＊18
19. 動く	move
20. 目が覚める	wake up ＊20
21. ～をじっと見つめる	stare at ～
22. 私を放っておいて、1人にして。	Leave me alone.
23. 大声で	in a loud voice

＊13 同 nightmare

＊17 pitchfork とは、フォークの形をした農具。干し草を持ち上げ移動させるのに使う。STEP4のイラストを参照。

＊18 run の活用は、run-ran-run。

＊20 wake の活用は、wake-woke-woken。

STEP2

Shadowing & Repeating

シャドーイング&リピーティング

Shadowing CD2 14

Repeating CD2 15

I had a really embarrassing experience / at college today.// I was very tired today / because I stayed up late last night / watching a horror movie.// I arrived at college late / and sat down at the back of the classroom.// The room was really hot / and the lecture was really boring.// I felt really sleepy, / so I rested my head on the desk / for a moment.// I guess I fell asleep / because I started to have a bad dream.// It was awful.// First, I

私はとても恥ずかしい体験をしました 今日、大学で。なぜなら昨晩遅くまで起きていたからです 今日はとても疲れていました ホラー映画を見ていて。私は大学に遅刻しました そして教室の後ろの席に座りました。部屋はとても暑かったです それに講義は退屈極まりなかったです。私はすごく眠けを感じました ですので、机の上に顔を伏せました 少しのあいだ。どうやら私は眠ってしまったようです なぜなら、悪夢を見始めてしまったのです。ひどい夢でした。まず、私は

英語の音声を聞きながら口まねする練習と、
英語の音声のあとのポーズで
英文を発声してみる練習です。

was being chased by zombies.//*1 Then I realized / I was
ゾンビに追いかけられていました。 それから気がつくと 私自身が

a zombie myself.// And then, / a group of people with
ゾンビになっていました。 そして次に （干草用の）熊手を持った人々の集団が

pitchforks / began to chase me.// I tried to run away /
私を追いかけ始めました。 私は逃げようとしました

but I couldn't move.// I started falling / and then I
ですが動けませんでした。 私は下に落ちはじめました そして目が覚めまし

woke up!// Everyone in the room / was staring at me.//
た！ 教室にいる全員が 私を見つめていました。

They told me / I was shouting, / "Leave me alone, /
みんなは言いました 私は叫んでいたと。 「私をほっといて。

I'm not a zombie," / in a really loud voice.// I was so
私はゾンビなんかじゃな～い」 ものすごい大声で。 とても恥ずかし

embarrassed.//*2 I never want to go to college again.//
かったです。 もう大学には絶対行きたくありません。

*1 I was being chased by zombies. の be動詞 + being + 過去分詞「～されている最中である」は進行形（be動詞＋ *doing*）と受け身（be動詞＋過去分詞）が合体してできた形。（例）The building is being constructed.（そのビルは建設中だ）

*2 embarrassed「人が恥ずかしい思いをする」と embarrassing「物が当惑させる、恥ずかしい」の違いに注意。

STEP3

Sight Translation
サイト・トランスレーション

1. 今日、大学でとても恥ずかしい体験をしました。今日はとても疲れていました。昨晩遅くまで起きてホラー映画を見ていたからです。

2. 大学に遅刻して、教室の後ろの席に座りました。

3. 部屋はとても暑いし、講義は退屈極まりなかったです。

4. 私はすごく眠けを感じたので、少しのあいだ机の上に顔を伏せました。どうやら私は眠ってしまったようです。悪夢を見始めてしまったのですから。

5. ひどい夢でした。まず私はゾンビに追いかけられていました。それから気がつくと私自身がゾンビになっていたのです。

6. 次に、(干草用の)熊手を持った人々の集団が、私を追いかけだしました。私は逃げようとしたのですが、動けませんでした。

7. 私は下に落ちはじめ、そして目が覚めました！　教室の全員が私を見つめていました。

8. みんなが言うには、私は叫んでいたとのこと。「私をほっといて！　私はゾンビなんかじゃな〜い」ってものすごい大声で。とても恥ずかしかったです。もう大学には絶対行きたくありません。

右の英語を隠し、左の日本語を見ながら、
前からどんどん英語で言う練習です。

1. I had a really embarrassing experience at college today. I was very tired today because I stayed up late last night watching a horror movie.

2. I arrived at college late and sat down at the back of the classroom.

3. The room was really hot and the lecture was really boring.

4. I felt really sleepy, so I rested my head on the desk for a moment. I guess I fell asleep because I started to have a bad dream.

5. It was awful. First, I was being chased by zombies. Then I realized I was a zombie myself.

6. And then, a group of people with pitchforks began to chase me. I tried to run away but I couldn't move.

7. I started falling and then I woke up! Everyone in the room was staring at me.

8. They told me I was shouting, "Leave me alone, I'm not a zombie," in a really loud voice. I was so embarrassed. I never want to go to college again.

STEP4

Reproduction

イラストを見てリプロダクション

1

2

3

4

イラストを見ながら、英語で説明してみましょう。

5 First

I am a zombie myself !!

6 And then

7

8 I'm not a zombie !

Lesson 16

Slave to my smartphone!

スマートフォンの奴隷！

STEP1

Quick Response
クイック・レスポンス

1.	新聞記事	newspaper article
2.	先日	the other day
3.	現代の科学技術	modern technology
4.	私たちの生活を改善する	improve our lives *4
5.	多くの点で	in many ways
6.	人を忙しくさせる	make someone busy
7.	ストレスを感じている	stressed［形］
8.	～する時間が少なくなる	have less time to *do* *8
9.	明確に、まったく	definitely
10.	本当の、真実の	true
11.	インターネット	the Internet
12.	つぶやきサイト	Twitter

CD2 16

*4　life の複数形は、lives ライヴズ。リヴズと読まないことに注意。

*8　little「少ない、ほとんどない」は little（原級）、less（比較級）、least（最上級）と変化する。

右の英語部分を隠し、左の日本語だけを見て、
英単語・フレーズを即座に言えるようにする練習です。

13.	～のように感じる	feel like ～ *13
14.	～の奴隷	slave to ～
15.	高機能携帯電話	smartphone
16.	私がする最初のこと	the first thing I do
17.	私のメールをチェックする	check my email
18.	～するたびに	every time ～ *18
19.	私の電話が鳴る	My phone rings.
20.	できるだけ早く	as soon as possible
21.	実際、実のところ	in fact
22.	インターネットにつながって	on-line
23.	電話に出て、電話で	on the phone
24.	～のスイッチを切る	switch off ～ *24

*13 feel like の like は接続詞として使われ、あとにS+Vが来る。(例) I feel like I am catching a cold.（風邪をひきかけているみたいだ）

*18 every time は従属接続詞として使われ、あとにS+Vが来る。(例) Every time she comes, she brings her baby.（彼女は来るたびに、赤ちゃんを連れてくる）

*24 [同] turn off ～ ～を切る　[反] switch on ～、turn on ～ スイッチを入れる

STEP2

Shadowing & Repeating
シャドーイング&リピーティング

Shadowing CD2 17
Repeating CD2 18

I read an interesting newspaper article / the other
面白い新聞記事を読みました 先日

day / about modern technology.// It said / that although
現代の科学技術についての。 記事にはこうありました 現代の科学技

modern technology has improved our lives / in many
術のおかげで私たちの生活は向上したものの 様々な面で

ways, / it has also made us busier / and more stressed /
そのせいでもっと忙しくなった そしてストレスを感じるようになった

and that we now have less time / to spend with our
そして今や、時間が少なくなっている 家族と過ごすための

families / than before.//*1 I definitely think / that is
以前より。 絶対に思います それは本当

true.// I love modern technology / like the Internet / and
だと。 私は、現代の技術が大好きです インターネットや フェイ

services like Facebook and Twitter, / but sometimes I feel
スブック、ツイッターなどのサービス ですがときどき、感じます

*1 It (= the article) said that ～ and that.... と said の目的語として、2つの that ～ が続いていることに注意。なお、「～と書いてある」は write ではなく、say を使う。

英語の音声を聞きながら口まねする練習と、
英語の音声のあとのポーズで
英文を発声してみる練習です。

like / I am a slave to my smartphone.// For example, in
自分がスマートフォンの奴隷であると。 たとえば、朝

the morning, / the first thing I do is to check my email.//*2
最初に私がするのはメールのチェックです。

And every time my phone rings, / I feel like / I have to
それに、（携帯）電話が鳴るたびに 気分になります 電話に出なけれ

answer it / as soon as possible.// In fact I spend so much
ばいけないと できるだけすぐに。 実際、私は多くの時間を使っています

time / on-line and on the phone / that I have almost no
ネットや（携帯）電話に なので私にはほとんど時間がありません

time / to spend with my family and friends!//*3 From
家族や友人と過ごすための。 これからは

now on, / I think / I will try to switch off my phone /
思います 電話の電源を切ってみようと

sometimes.//
ときどきは。

*2 The first thing (that) I do is.... と関係代名詞 that が省略されている。

*3 I spend so much time ～ that.... は so ～ that ...「とても～なので…」の構文が隠れている。（例）I was so tired that I fell asleep at once.（私はとても疲れていたので、すぐに眠ってしまった）

STEP3

Sight Translation
サイト・トランスレーション

1. 先日、現代の科学技術についての面白い新聞記事を読みました。

2. 記事にはこう書いてありました。現代の科学技術のおかげで私たちの生活は様々な面で向上したものの、もっと忙しくなり、ストレスを感じるようになった。そして今や、以前より家族と過ごす時間が少なくなっている、と。

3. まったくその通りだなと思います。私は、現代の技術でも、インターネットやフェイスブック、ツイッターなどのサービスは大好きですが、ときどき、自分がスマートフォンの奴隷になった気がします。

4. たとえば、朝、最初に私がするのはメールのチェックです。

5. それに、（携帯）電話が鳴るたびに、できるだけすぐに出なくては、という気分になります。

6. 実際、私はネットや（携帯）電話に多くの時間を使い、家族や友人と過ごす時間がほとんどありません！

7. これから、ときどきは電話の電源を切ってみようと思います。

右の英語を隠し、左の日本語を見ながら、
前からどんどん英語で言う練習です。

1. I read an interesting newspaper article the other day about modern technology.

2. It said that although modern technology has improved our lives in many ways, it has also made us busier and more stressed and that we now have less time to spend with our families than before.

3. I definitely think that is true. I love modern technology like the Internet and services like Facebook and Twitter, but sometimes I feel like I am a slave to my smartphone.

4. For example, in the morning, the first thing I do is to check my email.

5. And every time my phone rings, I feel like I have to answer it as soon as possible.

6. In fact I spend so much time on-line and on the phone that I have almost no time to spend with my family and friends!

7. From now on, I think I will try to switch off my phone sometimes.

STEP4

Reproduction

イラストを見てリプロダクション

イラストを見ながら、英語で説明してみましょう。

5 6 7

CALL
Nami
I have less time to spend with my family.
From now on
I'll turn it off.

Lesson 18

Hamster on the loose

ハムスターの逃亡劇

STEP1

Quick Response
クイック・レスポンス

1.	客室乗務員	flight attendant *1
2.	面白い話	funny story
3.	まさに～しようとしている	be about to *do*
4.	離陸する	take off *4
5.	気づく	notice ［動］
6.	～するように思われる	seem to *do*
7.	ハムスター	hamster
8.	こっそり持ち込む	smuggle ［動］
9.	機内に	onboard *9
10.	ぞっとして	horrified ［形］
11.	危険な	dangerous
12.	～をかじってかみ切る	chew through ～ *12

CD2 19

*1 「客室乗務員」は cabin crew とも言うが、flight attendant が最も一般的。この意味で、普通CAとは言わない。

*4 反 land 着陸する

*9 同 on board a plane 飛行機に、機内に

*12 chew は「噛む」だが、chew (or eat) through というと「何度も噛んで（かじって）、物を貫通させる」というニュアンスになる。

右の英語部分を隠し、左の日本語だけを見て、英単語・フレーズを即座に言えるようにする練習です。

13. 電線、電気配線	electrical wire
14. 最悪の場合	in the worst case
15. 引き起こす	cause［動］
16. エンジンの故障	engine failure
17. 遅らせる	delay［動］
18. ～を捜す	search for ～
19. ～するより仕方がない	have no choice but to *do* *19
20. ～へ引き返す、戻る	head back to ～ *20
21. 空港ビル	terminal
22. 中止する、取りやめる	cancel
23. 乗客	passenger
24. （乗物から）降りる	get off *24
25. ぐっすり眠って	fast asleep *25

*19　この but は except「～以外」の意味。直訳すると、「～する以外に選択肢はない」。
*20　head は「～の方へ向かう」という意味の動詞。
*24　反 get on ～（乗物に）乗る
*25　この fast は「ぐっすりと」という意味の副詞。「速く」ではない。

STEP2

Shadowing & Repeating

シャドーイング&リピーティング

Shadowing CD2 20

Repeating CD2 21

My friend Kathy / used to be a flight attendant.//
私の友人のキャシーは 以前、客室乗務員をしていました。

She told me this funny story / about something / that
彼女は私にこのおもしろい話をしてくれました ある出来事について 彼女が

happened on one of her flights.// Well, one day / her
搭乗したフライトで起きた ある日 彼女が

plane was just about to take off / when she noticed a
搭乗する飛行機がまさに離陸しようとしていました その時、彼女は小さい男の子に気付き

small boy / who seemed to be looking for something /
ました 何かを探している様子の

under his seat.//*1 She asked him / what he was looking
座席の下で。 彼女は尋ねました 何を探しているの、と

for / and he said / he was looking for his pet hamster!//
するとその子は答えました ペットのハムスターを探していると。

He had smuggled it onboard / in his pocket / but it
その子はハムスターをこっそり機内に持ち込んだ ポケットに入れて けれども、

had escaped.//*2 My friend said / she was horrified /
ハムスターは逃げてしまった。 友人は言いました ぞっとしたと

– it is really dangerous / to bring a hamster on board
――とても危険です ハムスターを機内に持ち込むのは

---

*1 直訳すると「彼女が小さい男の子に気付いた時、彼女の搭乗する飛行機はまさに離陸するところだった」。本文の訳は、頭から訳しているだけで意味は同じ。

*2 He had smuggled ... but it had escaped. の had + 過去分詞は過去完了形といい、「過去のある時点より以前のこと」を表す。ここでは、男の子への質問以前のことを表すために過去完了形を用いている。

英語の音声を聞きながら口まねする練習と、
英語の音声のあとのポーズで
英文を発声してみる練習です。

a plane / because hamsters like to chew / through
なぜなら、ハムスターは噛みきってしまうのが好きだからです 電線（電気配線）

electrical wires.//*3 In the worst case / this can cause
を。 最悪の場合 エンジンが動かなくなる可

engine failure.// Anyway, the flight was delayed / while
能性があります。 とにかく、便は遅れました みんなで

everyone searched for the hamster.// And then after an
ハムスターを探して。 そして1時間後

hour, / the pilot had no choice / but to head back to
パイロットには選択肢がありませんでした ターミナルへ戻る以外の。

the terminal.// The flight was canceled / and all the
その便は欠航となりました そして全乗客が飛行

passengers had to get off.// But don't worry, / they found
機から降りなければなりませんでした。 しかしご心配なく 少ししてからハムス

the hamster a little later, / fast asleep / in one of the seat
ターを発見しました ぐっすり眠っている 座席のポケットの中で。

pockets!//

*3 on board a plane は単に onboard としてもよい。

STEP3

Sight Translation
サイト・トランスレーション

1. 私の友人のキャシーは以前、客室乗務員をしていました。彼女はあるフライトで起きた面白い話を私にしてくれました。

2. ある日、彼女が搭乗する飛行機がまさに離陸しようとしていたとき、小さい男の子に気付きました。座席の下で何かを探している様子です。

3. 何を探しているの？と聞くと、ペットのハムスターを探していると言うのです！　ハムスターをポケットに入れてこっそり機内に持ち込んだけれども、逃げてしまったと。

4. 友人はぞっとしたと言います。――ハムスターを機内に持ち込むのはとても危険なのです。ハムスターは電線（電気配線）を噛みきってしまうのが好きだからです。

5. 最悪の場合、エンジンが動かなくなる可能性があります。

6. とにかく、便は遅れました。みんなでハムスターを探していて。

7. そして１時間後、パイロットはターミナルへ戻るしか方法がありませんでした。その便は欠航となり、全乗客が飛行機から降りなければなりませんでした。

8. しかしご心配なく。少ししてからハムスターを発見しました。座席のポケットの中でぐっすり眠っていたんです！

右の英語を隠し、左の日本語を見ながら、
前からどんどん英語で言う練習です。

1. My friend Kathy used to be a flight attendant. She told me this funny story about something that happened on one of her flights.

2. Well, one day her plane was just about to take off when she noticed a small boy who seemed to be looking for something under his seat.

3. She asked him what he was looking for and he said he was looking for his pet hamster! He had smuggled it onboard in his pocket but it had escaped.

4. My friend said she was horrified – it is really dangerous to bring a hamster on board a plane because hamsters like to chew through electrical wires.

5. In the worst case this can cause engine failure.

6. Anyway, the flight was delayed while everyone searched for the hamster.

7. And then after an hour, the pilot had no choice but to head back to the terminal. The flight was canceled and all the passengers had to get off.

8. But don't worry, they found the hamster a little later, fast asleep in one of the seat pockets!

STEP4

Reproduction

イラストを見てリプロダクション

1

2

3

4

イラストを見ながら、英語で説明してみましょう。

5 In the worst case...

6

7 After an hour

AIRLINE	REMARKS
DHC PLANE	CANCELED
JAM	CHECK IN
AIR PARIS	GO TO GATE

8

If I won the lottery...

もし宝くじが当たったら…

STEP1

Quick Response
クイック・レスポンス

1.	宝くじのチケット	lottery ticket
2.	たぶん、おそらく	probably
3.	～を夢見る	dream about ～
4.	お金を手にする、もうける	win money *4
5.	住宅ローンを返済する	pay off my mortgage *5
6.	むしろ～したい	would rather *do*
7.	違ったこと	something different
8.	もしも私にチャンスがあれば	if I have the chance
9.	人を旅行に連れて行く	take someone on a trip
10.	世界中、世界一周	around the world
11.	エジプト	Egypt
12.	ピラミッド	pyramid

CD2 22

*4 win の活用は、win-won-won。won は**ワ**ンと発音する。one と発音は同じ。

*5 「住宅ローン」は housing loan といっても通じるが、mortgage が一般的。発音は、**モー**ギッジ。

右の英語部分を隠し、左の日本語だけを見て、
英単語・フレーズを即座に言えるようにする練習です。

13.	～したい	would like to *do*
14.	タージ・マハル	the Taj Mahal *14
15.	インド	India
16.	狩猟（動物観察）旅行に出かける	go on safari
17.	アフリカ	Africa
18.	オーロラ、北極光	the northern lights *18
19.	ノルウェー	Norway
20.	私たちの旅から戻ってくる	come back home from our trip
21.	慈善活動をする	do charity work
22.	楽しみ、面白さ	fun［名］
23.	～のことを考える	think about ～

*14 タージ･マハルは、インド北部アグラにある白大理石の霊廟。17世紀に、ムガル帝国の皇帝シャー･ジャハーンが王妃のために建てた。世界遺産に登録されている。

*18 同 aurora borealis 北極光、オーロラ

STEP2

Shadowing & Repeating

シャドーイング&リピーティング

Shadowing CD2 23

Repeating CD2 24

I bought a lottery ticket today.// I will probably
今日、宝くじを１枚買いました。 たぶん当たることは絶対にな

never win anything / but I like to dream / about what I
いでしょう ですが、夢見るのが好きです 何をしようかなと

would do / if I won a lot of money.//*1 If I won the lottery, /
もし大金が当たったら。 もしも（大金の）宝くじが当たったら

the first thing I would do / is to pay off my mortgage.//
私が最初にするのは 住宅ローンの返済です。

The next thing I would do / is to quit my job.// I don't
次にするのは 仕事を辞めることです。 今の仕事は嫌

hate my job / but I would rather do something different /
いではありません ですが、何か別のことをしてみたいです

if I had the chance.// Then, I would take my family / on
チャンスがあったら。 それから、家族を連れて行くでしょう

a long trip around the world.// I've always wanted to go
長期の世界一周旅行に。 エジプトに行きたいとずっと思っていました

---

*1 ... what I <u>would</u> do if I <u>won</u> a lot of money. 下線部は、「仮定法過去」。現在の事実と反する仮定を表す。基本形は、If S + 過去形, S + would + *do*「もし～なら、～するだろう」。以下、過去形や would が用いられているところは、すべて仮定法。実際にはありえない願望を表現している。

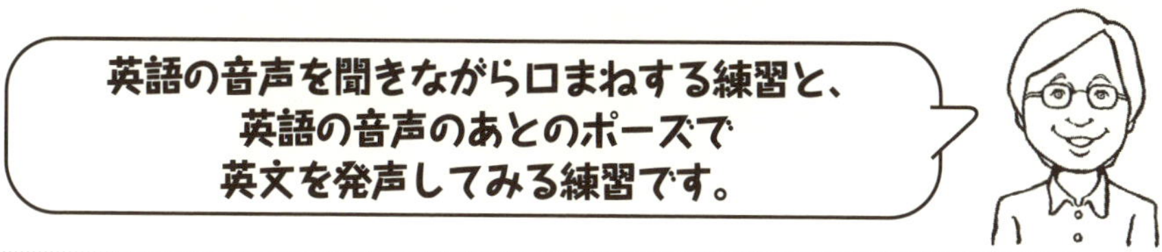

to Egypt / to see the pyramids, / so I think / we would
ピラミッドを見に　ですから思います　まずはじめにみん

go there first.// I would also like / to see the Taj Mahal
なでエジプトに行くと。　また、したいです　インドのタージ・マハルを見ること

in India, / go on safari in Africa / and to see the northern
アフリカでサファリに行くこと　そしてノルウェーでオーロラを見ることを。

lights in Norway.// After we come back home from our
旅から戻ってきたら

trip, / I think / I would like to do some charity work / or
思います　何かチャリティ活動をしたいと

maybe go back to college / to study something new.//*2 It
あるいは大学に戻りたいと　何か新しいことを勉強するために。

will probably never happen / but it's really fun / thinking
たぶんそんなことは絶対起こらないでしょう　ですがとても楽しいものです　あれこれ考える

about it.//
のは。

*2 After we <u>come</u> back.... 前ページの2行目おわり（about what I would do）～このページの6行目（to study something new.）では仮定法過去を用い、ありえない願望を表しているので、ここも文法的には came と過去形にすべき。ただし英文法では、when（時を表す副詞節）の中では、「未来のことでも現在形で表す」というルールがあり、ここでは後者のルールに従っている。（例）When you come back, please call me.（戻ってきたら、私に電話してください）

STEP3

Sight Translation
サイト・トランスレーション

1. 今日、宝くじを１枚買いました。たぶん当たることは絶対にないでしょう。が、もし大金が当たったら何をしようかな、と夢見るのが好きなんです。

2. もしも（大金の）宝くじが当たったら、最初にするのは住宅ローンの返済です。

3. 次にするのは、仕事を辞めることです。今の仕事が嫌いなわけではないのですが、チャンスがあったら何か別のことをしてみたいのです。

4. それから、長期の世界一周旅行に家族を連れて行くでしょう。

5. エジプトに行ってピラミッドが見たいとずっと思っていたので、はじめにみんなでエジプトに行くと思います。

6. インドのタージ・マハルも見てみたいし、アフリカでサファリにも行きたいし、ノルウェーでオーロラも見てみたいです。

7. 旅から戻ってきたら、何かチャリティ活動をするか、あるいは大学に戻って新しいことを勉強しようかなと思います。

8. たぶんそんなことは絶対起こらないでしょうが、あれこれ考えるのはとても楽しいものです。

右の英語を隠し、左の日本語を見ながら、
前からどんどん英語で言う練習です。

1. I bought a lottery ticket today. I will probably never win anything but I like to dream about what I would do if I won a lot of money.

2. If I won the lottery, the first thing I would do is to pay off my mortgage.

3. The next thing I would do is to quit my job. I don't hate my job but I would rather do something different if I had the chance.

4. Then, I would take my family on a long trip around the world.

5. I've always wanted to go to Egypt to see the pyramids, so I think we would go there first.

6. I would also like to see the Taj Mahal in India, go on safari in Africa and to see the northern lights in Norway.

7. After we come back home from our trip, I think I would like to do some charity work or maybe go back to college to study something new.

8. It will probably never happen but it's really fun thinking about it.

STEP4

Reproduction

イラストを見てリプロダクション

1

2

3

4

イラストを見ながら、英語で説明してみましょう。

5

Egypt

6

India
Africa
Norway

7

After coming back
心理学

8

May I use your bathroom?

トイレを借りてもいいですか？

STEP1

Quick Response
クイック・レスポンス

CD2 25

1. 推測する	guess
2. 私がすること	what I do
3. ちょっと早く	a little early
4. 私の携帯で	on my cell *4
5. まもなく着く	arrive soon
6. 忙しそうに聞こえる	sound busy
7. 料理する	cook［動］
8. 直接２階に来る	come straight upstairs
9. 台所	kitchen
10. ２階にある	on the second floor
11. 玄関、表口	front door
12. 私の２回目の訪問	my second visit

*4 同 on my cell phone , on my mobile(phone) 私の携帯で

右の英語部分を隠し、左の日本語だけを見て、
英単語・フレーズを即座に言えるようにする練習です。

13.	簡単に	easily
14.	静かな	quiet
15.	一番乗りの客	the first guest to arrive
16.	トイレ	bathroom
17.	階段を上って、２階へ	up the stairs *17
18.	～するつもりだ、～する予定だ	be going to *do*
19.	ドアを閉める	shut the door
20.	～から出てくる	come out of ～ *20
21.	数分後	a few minutes later
22.	中年の	middle- aged
23.	怖がって、おびえて	scared ［形］ *23
24.	間違った家	wrong house
25.	隣に、隣家に	next door ［副］

*17 単数形の stair は、「（階段の）一段」をいう。stairs と複数形にすると「一続きの階段」の意味になる。

*20 反 come in (or into) ～ ～の中に入る

*23 scared は「（人が）おびえた」。scary は「（物事が）恐ろしい」。違いに注意。

STEP2

Shadowing & Repeating

シャドーイング&リピーティング

Shadowing CD2 26

Repeating CD2 27

You'll never guess / what I did last week.//*1 My
みなさんは想像もつかないでしょう 先週私が何をしでかしたか。 友人の

friend Claire invited me / to a party at her new house /
クレアが私を招待してくれました 彼女の新居で開くパーティに

last Saturday.// I arrived at the station / near her house
先週の土曜日。 私は駅に到着しました 彼女の家の近くの、ちょっ

a little early.// I called her on my cell / to say I would
と早めに。 私は携帯で彼女に電話しました もうすぐ着くよ、と伝える

arrive soon.// She sounded busy.// She said, / "I'm
ために。 彼女の声は忙しそうでした。 彼女は言いました。 「いま料

cooking / so can you come straight upstairs / to the
理中 だからそのまま上がってきてくれる? 2階のキッ

kitchen on the second floor / when you arrive?// The
チンまで 着いたら。 玄関の

front door's open," / I said "OK".// It was my second
ドアは開いているから。」 私は「いいわ」と返事をしました。 私が彼女の家に行くのは2

visit to her house.// I found it easily.// I opened the front
回目でした。 家はすぐに見つかりました。 私は玄関のドアを開けました

door / and went in.// It was very quiet.//*2 I guessed /
そして中に入りました。 とても静かでした。 私は思いました

*1 what I did の what は関係代名詞「〜こと」と解釈してもよいし、疑問代名詞「何(なに)」と考えてもどちらでもよい。

*2 It was very quiet. この it は天候・距離・時間・明暗を表す it と同種。意味はない。
(例)It was quiet in the room for a while.(部屋の中はしばらく静かだった)

英語の音声を聞きながら口まねする練習と、
英語の音声のあとのポーズで
英文を発声してみる練習です。

I was the first guest to arrive.// I needed to use the
私が一番乗りのお客なんだなと。 トイレを使いたくなりました

bathroom / on the first floor / so I shouted up the stairs, /
1階にある なので２階に向かって叫びました。

“I’m here.// I’m just going to use the bathroom.”// I went
「着いたよ。 ちょっとトイレ借りるね」。 私はトイレ

into the bathroom / and shut the door.// When I came out
に入りました そしてドアを閉めました。 トイレから出たとき

of the bathroom / a few minutes later, however, / there
数分後に、しかし 一人の中

was a middle-aged man / standing outside the door.// He
年男性がいました ドアの外に立っている。 その人

looked really scared.// “Who are you?” / he said.// And
は、ひどくおびえているようでした。 「誰なんだ、あんた？」 彼は言いました。 そして

then I realized…// I was in the wrong house.// Claire’s
気付いたのです… 私は間違った家に入ってしまったのです。 クレアの家は

house was next door!//
隣でした！

STEP3

Sight Translation
サイト・トランスレーション

1. 先週、私が何をしでかしたか、みなさんは想像もつかないでしょう。友人のクレアが、彼女の新居で開くパーティに私を招待してくれました。先週の土曜日のことです。

2. 私は彼女の家の近くの駅に、ちょっと早めに到着しました。携帯で彼女に電話し、もうすぐ着くよ、と伝えました。

3. 彼女の声は忙しそうでした。彼女は言いました。「いま料理中だから、着いたらそのまま２階のキッチンまで来てくれる？　玄関のドアは開いているから。」私は「いいわ」と返事をしました。

4. 彼女の家に行くのは2回目だったので、すぐに見つかりました。

5. 私は玄関のドアを開けて中に入りました。とても静かでした。私が一番乗りのお客なんだなと思いました。

6. 1階にあるトイレを使いたくなったので、2階に向かって叫びました。「着いたよ。ちょっとトイレ借りるね」。私はトイレに入って、ドアを閉めました。

7. しかし、数分後にトイレから出ると、ドアの外に一人の中年男性が立っていました。その人は、ひどくおびえているようでした。

8. 「誰なんだ、あんた？」と彼は言いました。そして気付いたのです…。私は間違った家に入ってしまったのです。クレアの家は隣でした！

右の英語を隠し、左の日本語を見ながら、
前からどんどん英語で言う練習です。

1. You'll never guess what I did last week. My friend Claire invited me to a party at her new house last Saturday.

2. I arrived at the station near her house a little early. I called her on my cell to say I would arrive soon.

3. She sounded busy. She said, "I'm cooking so can you come straight upstairs to the kitchen on the second floor when you arrive? The front door's open," I said "OK".

4. It was my second visit to her house. I found it easily.

5. I opened the front door and went in. It was very quiet. I guessed I was the first guest to arrive.

6. I needed to use the bathroom on the first floor so I shouted up the stairs, "I'm here. I'm just going to use the bathroom." I went into the bathroom and shut the door.

7. When I came out of the bathroom a few minutes later, however, there was a middle-aged man standing outside the door. He looked really scared.

8. "Who are you?" he said. And then I realized… I was in the wrong house. Claire's house was next door!

STEP4

Reproduction

イラストを見てリプロダクション

1
2
3
4

イラストを見ながら、英語で説明してみましょう。

5
I'm the first to arrive.

6

7
A few minutes later

8
Who are you?
I'm sorry!

Lesson 21

It's too hot!

暑すぎる！

STEP1

Quick Response
クイック・レスポンス

1.	テレビ番組を見る	watch a TV program
2.	熱の島、ヒートアイランド	heat island
3.	人に～を思い出させる	remind someone of ～
4.	ある晩	one night
5.	～のスイッチを入れる	switch on ～ *5
6.	エアコン	air conditioning / air conditioner
7.	動かない、故障している	It doesn't work. *7
8.	大家、家主	landlord
9.	修理する	fix
10.	翌日まで	until the next day
11.	都会に住んでいる	live in the city
12.	そよ風	breeze

CD2 28

*5 同 turn on ～ ～(電源などを)つける

*7 It isn't working. (動かない、故障している)と進行形にしてもよい。

右の英語部分を隠し、左の日本語だけを見て、
英単語・フレーズを即座に言えるようにする練習です。

13.	周辺の、周囲の	surrounding ［形］
14.	うだるように暑い	boiling hot
15.	全然〜ない	not 〜 at all
16.	横たわって	lying *16
17.	冷蔵庫	fridge *17
18.	〜を頭にのせて	with 〜 on my head
19.	氷嚢（ひょうのう）、氷まくら	ice pack
20.	〜を修理してもらう	get 〜 fixed *20
21.	耐えられない	unbearable *21
22.	木を植える	plant trees
23.	緑地	green space

*16 lie の活用は、lie-lay-lain。ing をつけると lying となることに注意。
*17 「冷蔵庫」は refrigerator でもよいが、fridge とすると口語的。
*20 get +O+過去分詞 「Oを〜してもらう」
*21 un (= not) + bear（耐える）+ able（できる）= unbearable（耐えられない）

STEP2

Shadowing & Repeating

シャドーイング&リピーティング

Shadowing CD2 29
Repeating CD2 30

I watched a TV program today / about "heat
今日テレビ番組を見ました 「ヒートアイランド」に

islands".// It reminded me of an experience / I had last
ついての。 それである体験を思い出しました 去年の夏の。

summer.// One night / I came home late from work.//
ある夜遅く 私は仕事から帰宅しました。

I tried to switch on my air conditioning / but it didn't
エアコンのスイッチを入れようとしました ですが動きませんでし

work.//*1 I called my landlord / but he said / they
た。 私は大家さんに電話しました しかし彼は言いました 修理には

couldn't come and fix it / until the next day.//*2 I opened
行けない 翌日まで。 私はすべての窓

all the windows / and the front door of my apartment.//
を開けました アパートの部屋の玄関のドアも。

But I live in the city / and there are no trees near my
でも、私は都会に住んでいます それに、アパートの近くにはまったく木がありません

apartment / so there was no breeze.// Also all the people
そのため、そよ風も吹きませんでした。 また、周辺のアパート（の部屋）

*1 switch on my air conditioner としてもよい。

*2 ... they couldn't come and fix it. この they は I と you 以外の漠然とした人々を指す。前出の語句を指すわけではない。日常会話では頻出する。（例）They serve Kobe beef at that restaurant.（あのレストランでは神戸牛が出ます）

**英語の音声を聞きながら口まねする練習と、
英語の音声のあとのポーズで
英文を発声してみる練習です。**

in the surrounding apartments / were using their air
の住人がみんな エアコンを使っていました

conditioners, / so the air was boiling hot.// I couldn't
ですから大気はうだるような熱さでした。 私は全然眠れませ

sleep at all.// In the end / I spent most of the night / lying
んでした。 結局 私はその夜のほとんどを過ごしました ドアを開

next to the open fridge / with an ice pack on my head!//
けた冷蔵庫の隣に横になって 頭に氷枕を乗せた状態で。

I got my air conditioner fixed the next day / but the
エアコンは翌日に修理してもらいました ですが、この

experience really made me think.// When I was a child, /
経験で本当に考えさせられました。 私が子供のころは

I lived in a house / surrounded by trees.// It was hot in the
私は家に住んでいました 木々に囲まれた。 夏は暑かったです

summer / but it wasn't unbearable.// I think we need to
ですが耐えられないほどではなかったです。 私たちはもっと木を植える必要が

plant more trees / and make more green spaces in cities.//
あると思います そして、都会にもっと緑地を作る必要があると。

STEP3

Sight Translation
サイト・トランスレーション

1. 今日、「ヒートアイランド」についてのテレビ番組を見ました。それで去年の夏の体験を思い出しました。

2. ある夜、私は仕事から遅く帰宅しました。エアコンのスイッチを入れようとしたのですが、動きませんでした。

3. 大家さんに電話をしたのですが、彼は翌日まで修理には来られないと言いました。

4. 私はアパートの部屋のすべての窓と玄関のドアを開けました。でも、私は都会に住んでいて、アパートの近くにはまったく木がありません。そのためそよ風も吹きませんでした。

5. また、周辺のアパート（の部屋）の住人がみんなエアコンを使っていたので、大気はうだるような熱さでした。

6. 私は全然眠れませんでした。結局、ドアを開けた冷蔵庫の隣に横になって、その夜のほとんどを過ごしたのです。頭に氷枕を乗せて。

7. エアコンは翌日には修理してもらったのですが、この経験で、本当に考えさせられました。

8. 私が子供のころは、木々に囲まれた家に住んでいました。夏は暑かったですが、耐えられないほどではなかったです。私たちはもっと木を植えて、都会にもっと緑地を作る必要があると思います。

右の英語を隠し、左の日本語を見ながら、
前からどんどん英語で言う練習です。

1. I watched a TV program today about “heat islands”. It reminded me of an experience I had last summer.

2. One night I came home late from work. I tried to switch on my air conditioning but it didn’t work.

3. I called my landlord but he said they couldn’t come and fix it until the next day.

4. I opened all the windows and the front door of my apartment. But I live in the city and there are no trees near my apartment so there was no breeze.

5. Also all the people in the surrounding apartments were using their air conditioners, so the air was boiling hot.

6. I couldn’t sleep at all. In the end I spent most of the night lying next to the open fridge with an ice pack on my head!

7. I got my air conditioner fixed the next day but the experience really made me think.

8. When I was a child, I lived in a house surrounded by trees. It was hot in the summer but it wasn’t unbearable. I think we need to plant more trees and make more green spaces in cities.

STEP4

Reproduction

イラストを見てリプロダクション

イラストを見ながら、英語で説明してみましょう。

5

6

7

8

■著　者　小倉慶郎（おぐら・よしろう）
1961年東京生まれ。学習院大学大学院イギリス文学専攻博士前期課程修了。通訳者・翻訳家、インタースクール大阪校講師などを経て、現在は大阪府立大学 高等教育推進機構 基幹教育センター教授。専門は、英語教育、通訳・翻訳論、異文化コミュニケーション、ジャーナリズム。また、日本英語コミュニケーション学会理事を務める。大阪府内の高等学校では、「通訳訓練法を使った英語学習」、「英日通訳入門」の出張講義を随時行っている。
主な通訳業績に「日英高等教育シンポジウム」、「国際環境フォーラム」など。翻訳書に『静かなる戦争』（ハルバースタム、PHP研究所）、『奇跡の人 ヘレン・ケラー自伝』（新潮文庫）など。主な著書に『東大英語長文が5分で読めるようになる』シリーズ（語学春秋社）、『30分で50語を記憶！高速マスター英単語』、『英語リプロダクション トレーニング』シリーズ、『英語スラッシュ・リスニング トレーニング』（以上DHC）などがある。

■編集協力　Nadia McKechnie
■イラスト　HACHH
■デザイン　渡邊正
■ナレータ　Bianca Allen / Dominic Allen
■組　版　朋映アート
■CD編集　爽美録音

短期間で飛躍的に話せるようになる！
英語リプロダクション　トレーニング

2011年5月10日　初版　第1刷
2018年3月20日　　　　第8刷

著　者　小倉慶郎
発行者　吉田嘉明
発行所　株式会社DHC
〒106-0041　東京都港区麻布台1-5-7
03-3585-1451（営業）
03-3585-1581（編集）
03-5572-7752（FAX）
振替　00160-6-716500
印刷所　株式会社シナノ パブリッシング プレス

ⓒ Yoshiro Ogura　2011　Printed in Japan
落丁・乱丁本はお取り替えいたします。

ISBN 978-4-88724-514-3 C0082

<英語リプロダクション トレーニング>
シリーズも好評発売中！

通訳メソッドで、話す力が飛躍的にのびる！
英語リプロダクション トレーニング 入門編

小倉慶郎
定価（本体1700円+税）
CD2枚付

初級者向けに、リプロダクション トレーニングをさらに簡略化した入門編。プロ通訳の強化メソッドから、一般向けに必要な訓練だけを圧縮した３ステップ方式。
身近で楽しめるストーリーと、会話形式を織り交ぜたスクリプトを使用。実用的な日常の口語表現が確実に身につく１冊。

＜英語リプロダクション トレーニング＞
シリーズも好評発売中！

通訳メソッドだから「確実に話せる」を実感できる！
英語リプロダクショントレーニング　ビジネス編

小倉慶郎
定価（本体1900円+税）
CD2枚付

開発コンセプト、価格交渉、プレゼン、クレーム対応、会社紹介など、製造業や外資系企業のビジネスパーソン必須の20シーンを厳選した、シリーズ第3弾！　リアルな現場の英語を確実に自分のものにできるスピーキングトレーニングが一人でできる！

＜英語リプロダクション トレーニング＞
シリーズも好評発売中！

通訳メソッドだから短期間で確実に効果が出せる！
英語リプロダクション トレーニング アドバンス編

小倉慶郎、ナディア・マケックニー
定価（本体1800円+税）
CD2枚付

本書『英語リプロダクション トレーニング』を終えた方に。
本書よりも1レッスンごとのスクリプトが長くなり、シャドーイングスピードもアップ。また、リピーティングの切り方はより長く（ほぼ1文単位）、かつリピート用のポーズは短くして、より負荷を高く設定しています。